THE NEW EXECUTIVE

新・君主論

AI時代のビジネスリーダーの条件

木谷哲夫

京都大学 IMS寄附研究部門 教授

Discover

新・君主論

AI時代のビジネスリーダーの条件

序章

自分にパワー（権力）を取り戻せ

自由に生きることのできる国では、社会全体が繁栄を享受できるようになるとは、歴史が示している真実である。

——マキャベリ『政略論』

今をムダにする人にならないために

「いつかは意見を言えるようになる。それまでひたすら言われたことをやるしかない」

「今の束縛状態を耐え忍べば、そのうち大きく報われるはず」

――どうですか？

このように考えて日々を過ごしてはいませんか？


ひょっとしたら今の自分は仮の姿であり、本来の自分ではないと感じているかもしれません。つまり、いつか本当の自分になることを待っているのです。

しかし実際は、本当に活躍する機会は最後まで訪れません。「待つ人」は、仕事に没頭しているように見えますが、実際には仕事から距離を置いている傍観者にすぎず、中身は上の空だからです。

心の底では、今やっていることは自分と関係がないと思っているため、固い決意もなければ、逆に不安や恐怖もありません。そのまま組織の中で年月を過ごすうちに、反抗的になることも、粗削りになって恥をかくこともない、単なる「ものわかりのいい大人」になっていってしまいます。

人間の最大の能力は、物事に感情移入して、時には爆発したり、恥をかいたりするなかで発揮されるものです。**安心して自分の意見が言えるようになるまで待っていては、機会は一生訪れません。**

そうした人の共通点は、**権力や政治にまつわる事柄を、何か穢れたもの、悪いものととらえている**ことです。現実世界の混乱の中に足を踏み入れることを避けているうちに、感情移入してもがいている人をシニカルに横目で見るようになっていきます。

しかし、**権力や政治というのは、リーダーシップの欠くことのできない一部です。**これを除いてしまうと、選択肢の幅は著しく狭くなってしまいます。自分で狭くした小さい畑をいくら耕しても、面白いことはできません。

権力はリーダーシップの最重要の要素

今を大事に生きるには、

政治や権力のポジティブな側面を正当に評価し、
「今」できることの選択肢を増やし、自分の自由度を拡大する
ことが第一歩です。

現在、必要とされる個人の能力とは、分析力、論理力ではありません。分析力や論理力は今やコモディティ化しています。今、**最も必要とされているのは、社会脳・ソーシャルなスキルを持ち、強いリーダーシップを発揮できる人**なのです。

体を張ってポジティブに権力闘争を行える人。

やりたいことのために政治的に動ける人。

戦闘力のある人。

こんな人が、今後ますます価値ある存在になります。

正しく独裁的な力の持つ効果を熟知し、**権力をポジティブに使うことのできる、真の社会的なスキルを持つ人が求められている**のです。

ところで、よくある勘違いは、企業を、言論の自由や基本的人権を守ってくれる日本の国のようなところだと考えることです。

企業は民主主義では生き残れません。どちらかというと、中央集「権」型の独裁制で成り立っています。

マクドナルドやシャープでは、強いリーダーが来た途端、ボロボロの状態から短期間で一気に復活しています。日本型サラリーマン民主主義の会社はますます地盤沈下する一方で、国内でも海外でも、トップダウン型の企業の存在感が増しているのです。

ところが、肝心の「権力」について、リーダーシップの大事な要素であるにもかかわらず、なんとなくタブー視され、オープンに議論される機会が少なかったといえます。そろそろ組織における権力のあり方についてオープンに議論を始める時期に来ているのです。権力のポジティブな価値を認め、権力行使についての正しい知識を持つことが必要です。

組織のパフォーマンスを上げるには、どういう権力構造が望ましいか？　権力を握るための抗争や政治闘争のエネルギーを、どうポジティブにチャネリングしていくか？　組織にとっての権力核の確立の仕方について、オープンな議論を始める必要があります。

強いリーダーなしに戦っていくことはできません。組織の中で生きる個人にとってと同様、**組織全体にとっても、強い権力の持つポジティブな側面を正しく認識することが求められてきているのです。**

政治闘争はどうせ卑劣なもの、生きるか死ぬかのゼロサムゲーム、できるだけ関わらないのが吉、というシニカルな人が多いと、組織は死にます。

人に嫌われたり、非難されたり、裏切られたり、手ひどく敗北したりするリスクを冒しながら、体を張って実際に戦う人たちによって、我々の組織や社会は支えられています。

戦いたくない人は戦わなくてもいいでしょう。けれども、だからといって戦う人たちをシニカルに批判するのではなく、ポジティブに評価してほしい。

本当は、観客になるより、プレイヤーになるほうがずっと面白い。実際に戦う人になるほうが、はるかにエキサイティングです。

マキャベリが嫌われるわけ

権力、権力抗争、政治闘争というと、「マキャベ（ヴェ）リズム」という言葉で、すっかりマイナスのイメージが定着しています。

ウィキペディアで「マキャベリズム」を見ると、「どんな手段や非道徳的な行為も、結果として国家の利益を増進させるのであれば許されるという考え方。ルネサンス期の政治思想家ニッコロ・マキャヴェッリ及び彼の著書『君主論』の内容に由来する。転じて、単に目的のためには手段を選ばないやり方を指す場合もある、「権謀術数主義」とされています。

卑劣な手段を用いても許されるという考え方が広がれば、陰謀渦巻く世の中となり誰もが生きづらくなるのは必定です。

「マキャベリズム」という言葉は確かにそのような意味になってしまっていますが、もともとマキャベリは陰謀や卑劣になることを奨励したわけではありません。マキャベリが歴史に名を残しているのは、著書『君主論』で、倫理とは関係のない、権力の持つポジティブな側面をとり出したからです。

実際には、倫理だけをとり出して議論することほど始末に困るものはありません。建前上の立派なスローガンとか目的とかに引きずられると、実際は何が起こっているのかわからなくなってしまいます。また、実際に物事が進まない、あるいはかえって悲惨なことになる、という問題もあります。

今でも、いろいろな国で実際に観察されているように、人権などの立派な旗を立てている団体が実は非常に暴力的だったりすることがあります。

このように、**倫理と権力行使を重ね合わせると、かえって悲惨なことになる**というのがマキャベリの問題意識の出発点でした。

実際、ドイツでは、十七世紀にも三十年戦争があり、プロテスタントの宗派とカトリックが入り乱れ、それぞれが立派なことを言いつつ、陰惨な殺し合いを延々と続けました。

また、彼の時代には、軍事力は傭兵に頼っていたので、大義のために命まで捧げようなどという奇特な兵士はいません。金がなくなると軍隊は逃げてしまいます（その辺は現代の企業と同じです）。

安定した世の中が崩壊しているのに、みな立派なことを言うだけで、誰も立て直しを真剣にやろうとしていないので、国はボロボロに衰退していく……。

立派なことを言い合うだけでボロボロになるのはもうたくさん、**立て直しをするには強い権力を行使できる人、立派なことを唱えるだけでなく実際に政治闘争、権力闘争を戦い、体を張って勝負する人に出てきてもらうしかない**、というわけです。

マキャベリ自身は自分で戦う人ではなく、本を書くだけでしたが、体を張って戦う人が持つ積極的な役割を非常に高く評価していたのです。

そういう勝負をする人が使える技術・手法は何か、ということをつきつめて考えると、**立派なスローガンとは別に、道具としての権力のメカニズムそれ自体を考察**しないといけないことがわかります。

倫理と権力、この二つを分離したことがマキャベリの偉大なところです。

それまではこの二つが人々の心の中で混然一体にくっついていたわけで、つまり、マキャベリは**世の中を覆う宗教から人間を解放した**ことになります。[iii]

儒教の残滓にまだからめとられている我々のビジネス風土から脱却するために、この「分離」が非常に大事になります。長年善とされてきた価値観と真っ向から対立するドライな観点が必要です。

既存の常識が崩壊している、世の中が混迷し、展望は開けない、そういうなかで、どうやって立て直すか？

そこでは立派なスローガンより、実際に体を張って戦う人のほうが大事になります。生き残り、立て直しのために組織を率いて戦う人の、**行動や決意**というものが大事になり、**その指針**になるものは何かということになります。

「ごたく」はもうたくさん。行動あるのみ、ということです。

ＡＩの時代でも残る「マキャベリ脳」

このように嫌われてきたマキャベリですが、ＡＩの時代になって再び、重要になってきています。というのも、マキャベリ脳、マキャベリ的知性こそ人間の特色であり、人間が機械に代替されない最後の領域だと見なされるようになってきたからです。

自動運転、医療の診断等々、人間の仕事の多くが機械に代替されていくことは確実ですが、人工知能がどこまでいくのかを予測するのは難しいところです。

機械とのアナロジーでいえば、多くの機械はすでに意識を持っているのではないかと思える（つまり、外から見ると人間が動かしているように見える）水準になっています。

ビジネスの世界では、ロボットの一体当たりのコストがどんどん下がっている結果、アメリカでは三八％の会社が、五年以内に全業務が自動化すると予測しています。

人事の領域ではHRTechと呼ばれる分野が勃興してきています。二〇一四～二〇一六年に、次世代人材マネジメントソフトウェア（表情、声などの膨大な情報を活用する等）、五五億ドル以上がＨＲ関係のスタートアップに投資されています。
次世代業績管理（年に一回の評価ではなく、ずーっと評価が続く等）、マイクロラーニング（二分くらいでできるモバイル時代の人事研修）等々、職場の環境はここしばらくの間で大きく変貌していくでしょう。

ここではその議論には深入りしませんが、言っておきたいのは、機械が人間をどんどん代替する世の中になっても、マキャベリ的知性、社会脳は、最後まで残る人間の領域になるだろう、ということです。

すなわち、人間が組織を作り、あるいは破壊し、人と協力し、人を蹴落とし、人の成長を助け、人の前で目立ち、人に賞賛されて輝き、人に嫌われ、軽蔑される、といった**人間の社会的活動の領域**です。

動物の脳より人間の脳のほうが格段に大きい理由として、人間の持つ高度な知的能力は、複雑な社会的環境への適応として進化した、という説があります。社会的・権謀術数的な駆け引きの能力が、個体の適応度に大きな影響を与えたのではないか、とするものです。これをマキャベリ的知性仮説と言います。

人間は社会的にさまざまな活動をしています。

・同盟や協力関係を組み、破る
・約束を結び、破る
・ルールを作り、破る
・嘘をつき、真実を話す
・恥と寛容さ
・誤解と騙し

こうした「社会的な能力」に長けていないと人類は生き残れなかったため、進化の圧力で、人間の脳が他の動物に比べると異常に大きく進化したというわけです。

たとえば人をうまく騙せる人は、そうでない人よりも短期的には成功しますが、それは同時に、騙しを見破り報復する能力の発達を促します。さらに、騙しを減らすルールを作る、またそのルールを悪用する、悪用を防ぐ対抗手段をとるという形で、脳の進化の原動力になっていくのです。マキャベリ的知性が機械に代替されるようになるのは、まだまだ先のことになるでしょう。

リーダーとしての成否を分けるのは**社会的スキル**です。**マキャベリ脳を持ち、主体的に決断・行動できる人が、これからのAI時代に求められる新しいビジネスリーダーです。**

本書では、こうしたリーダーを**パワー（権力）リーダー**と呼びます。

本書の構成

本書は、ビジネスパーソンが、**権力のポジティブな価値を認識し、決断や行動を主体的に行い、パワーリーダーとして活躍することができるようになるための本です。**

本書は、次の部分から成っています。

- パワー（権力）リーダーの実践スキル（一章、六章）
- 権力のポジティブな価値（二章・三章）
- 権力構築のスキル（四章）
- 誤った権力者を排除する方法論（五章）

権力者のスキルを扱う四章では、前著『独裁力』の事例を全面的に改定し、解説しています。

第一章　マキャベリ脳を診断する

パワーリーダーになるとはどういうことか。往々にして、自分がどういうところに位置しているのか、本人ではわからないものです。診断ツールを使い、読者本人が、価値観と行動性向の二つの軸で、どのようなタイプなのか診断します。

第二章　良い独裁力と悪い独裁力を見分ける

組織にとっての権力の意義を解説します。企業は基本的に独裁制で成り立っています。独裁が必須のものとすれば、ポジティブな権力行使にはどのような可能性があるのか、そして、良い独裁、悪い独裁とは何かを解説します。

第三章　良い独裁者になる方法を知る

組織のトップに立つ方法としては、ベンチャー企業の創業者になる、オーナー企業の後継者になる、大企業で新規事業の子会社の社長になる等がありますが、現実的にどのような選択肢があるのか評価します。

第四章　権力構築の法則を使う

良いリーダーが活用すべき、権力基盤の構築の方法について解説します。権力の基盤となるものをどうやって構築するのかについての方法論と、組織全体の持つ潜在力を生かして広範な動員力を得る方法について解説します。

第五章　悪い独裁者を排除する

不幸にして間違った人間が権力の座に居座ると、組織にとって大きな害悪をもたらしてしまいます。ここでは、そうした事態を防止し平和裏に政権交代を可能にするための正攻法のアプローチを検討します。

第六章　今日からパワー（権力）リーダーのスキルを実践する

ビジネスパーソン個人がパワーリーダーとして成長し個の戦闘力を上げる方法、組織の中で活躍するために知っておくべきサバイバルスキルを整理しています。実際に直面する場面を念頭に演習問題を考えてもらいます。

目次

第二章

良い独裁力と悪い独裁力を見分ける　065

第三章 良い独裁者になる方法を知る 113

第四章

権力構築の法則を使う 143

第五章

悪い独裁者を排除する 179

第六章

今日からパワー（権力）リーダーのスキルを実践する　197

第一章
マキャベリ脳を診断する

運命は変転する。
人間が自らの行動様式に固執するならば、
運命と行動様式が合致する場合、成功し、
合致しない場合、失敗する。

——マキャベリ『君主論』

意思決定しても権力がなければ何も実行できない

「意思決定」というと、いろいろなトピックがあります。マネジメント雑誌の特集記事から題名を拾ってみると次のような感じになります。

・事実の分析、ロジカルな推論によって合理的な結論を出すのを支援する意思決定支援ツール
・マネジメントに二〇％の時間を割くための生産性改善論
・人の話を聞き意思決定に生かすためのクラウドの知恵の活用法

ご覧のように、正しい意思決定をもたらすために方法論的な工夫をする、というものがほとんどです。

しかし、常識的な人なら、ここで当然、疑問が湧くはずです。

「これで本当に決定できるの？」と。

組織の中にいる人なら当然、「いくら意思決定しても、権力がなければ組織を動かすことなんてできない。というか、権力がなければそもそも意思決定すらできない」という当たり前のことが気になるはずです。

意思決定は、意思決定権という権力を持っている人しかできませんし、決定したところで、それが実際に組織として実行され、結果を出さないのであれば意味がありません。

異なる意見がせめぎ合う場合、意思決定権者はどうすればよいのでしょうか？

合理的な説得で、あるいは人格的に心服させることで、言うことを聞かせよう、というのももちろん大事です。リーダーシップの書籍を紐解くと、いかにコミュニケーション力を上げて合理的に説得すべきか、人格を磨くべきか、についてたくさんの有益なアドバイスが書かれています。

しかし、説得だけでは絶対に動かない人もいるでしょう。また、一人一人に時間をかけて説得するのは、二、三人なら可能ですが、一〇人、二〇人、一〇〇人となると、コストがかかりすぎて現実的ではありません。

自分の意思を組織で貫徹するには、権力に頼る部分がどうしても必要になるのです。つまり、**組織を動かすための意思決定は、権力がないとできない**のです。

立派なビジョンを持ち、あくまで誠実に人を説得しようとする人が、権力行使のスキルがないために、何のビジョンもない、権力欲だけの人に負けてしまう、ということがときどき（いや、しばしば）あります。

権力を求める人間には、二種類います。権力そのものが好き、という人と、何かを実現したいので権力を使う必要がある、という人です。

ざっくり言うと、前者が悪い独裁、後者が良い独裁になります。これについては第二章で詳しく書きます。

権力は非常に魅力のあるものなので、権力欲に取り憑かれ、それを追い求める人たちがいることは確かです。一方、自分が望む何かを組織を通じてやり遂げたい人にとっても権力は求める対象となります。権力を正しく行使する能力がないと、組織で自分の意思を貫徹できないからです。権力の意味を正しくとらえ、何か望ましいことを実現するための**ポジティブな道具として権力を行使する**ことが必要になります。

みなが合意する戦略は筋が悪い

　一般的に言って、戦略というのは大胆で面白いものほど、不確かな部分が増えて、人によって評価が異なってきます。逆に言うと、一部の人が「これはすごい、これだ！」と興奮し歓迎する一方、多くの人が「そんなの、できるわけないよ」と白けている状態、これがスタート時点としては最高の状態です。実行までには広範な支持を得ておく必要がありますが、少なくとも発案の段階では、賛否両論が巻き起こる状態がベストです。

　すなわち、**大人数の集団の総意で決めるのではなく、少人数で正しい意思決定ができることが大事**になるのです。

　戦略は、ロジカルシンキングだけで、論理的に客観的に導き出されるものではありません。論理的に客観的に誰が見ても正しい戦略、細部まで詰めることのできるリスク極小の戦略は、もしそんなものがあれば、誰か他の競合他社がやっているはずです。そのような陳腐な戦略では、勝つことはできません。

日本企業の衰退パターンの代表的なものは、みなの総意を優先し、**分析的、論理的だが陳腐な戦略をとり続け、ジリ貧になる**というものです。

そういう企業は例外なく、真面目人間の優秀な社員は多いのですが、権力を行使するリーダーが弱く、外から見ると戦略不在の組織になっています。

権力をポジティブにとらえる

実は、多くのビジネスパーソンの選択肢を狭めているのが、「政治」や「権力」に関するネガティブなとらえ方です。

基本的に政治や権力を「悪いもの」ととらえ、ポジティブな活用方法を知らないと、シニカルな不活動に陥ってしまいます。もし活動するとしても、逆に、「ゴマすり、忖度、権謀術数」などの**ダークサイドに陥りがち**です。もともと政治や権力にまつわることを悪いものとしかとらえていないので、そういうことしか思いつかないわけです。

しかし、**権力は、リーダーシップに不可欠な構成要素**です。

ポジティブに行使する権力は価値のあるものであり、そうした正しい権力行使をすることができるリーダーが今求められているのです。

権力をポジティブにとらえることができる人だけが、権力を正しく行使し、主体的に人を巻き込み、インパクトのあることを、多くの人の力を借りて実行に移すことができます。

一方、「権力は悪いもの」と距離を置き、自分の選択肢を勝手に狭めてしまうと、大局観を失ってしまい、小さなソリューションスペースの中で、インパクトの小さなことを必死にやることにもなりかねません。そういう人はわざわざ選択肢を自ら狭く設定したうえで、仕事をしているといえます。

狭い選択肢の中で仕事をしている人は、何事も所詮は他人事ととらえているため、仕事に没頭しているようでも実はうわの空であったりします。

と同時に、社畜予備軍となりやすいのも、自ら選択肢を狭めている人たちです。

言われたことをきちんとやり、書類や記録を固め、手続きを完璧にすることについては、世の中に得意な人がたくさんいます。

ソリューションスペースを拡大し、言われたことをやる以上のインパクトを出すためには、権力行使についての正しい認識が必要になります。**選択肢を広くとらえることができる人は、希少なので、組織にとって貴重な人材となります。**

パワー（権力）リーダーの二つの軸

パワーリーダーとは、**権力のポジティブな価値を認め、主体的に決断し行動できる人のことです。**

図で書くと、次のようになります。横軸の「価値観の軸」とは、権力を本質的に否定的にとらえているか、あるいはポジティブにとらえているかということです。

縦軸の「行動の軸」とは、権力・政治に関わることについて、主体的に決断し行動するか、あるいは受け身になるかということです。

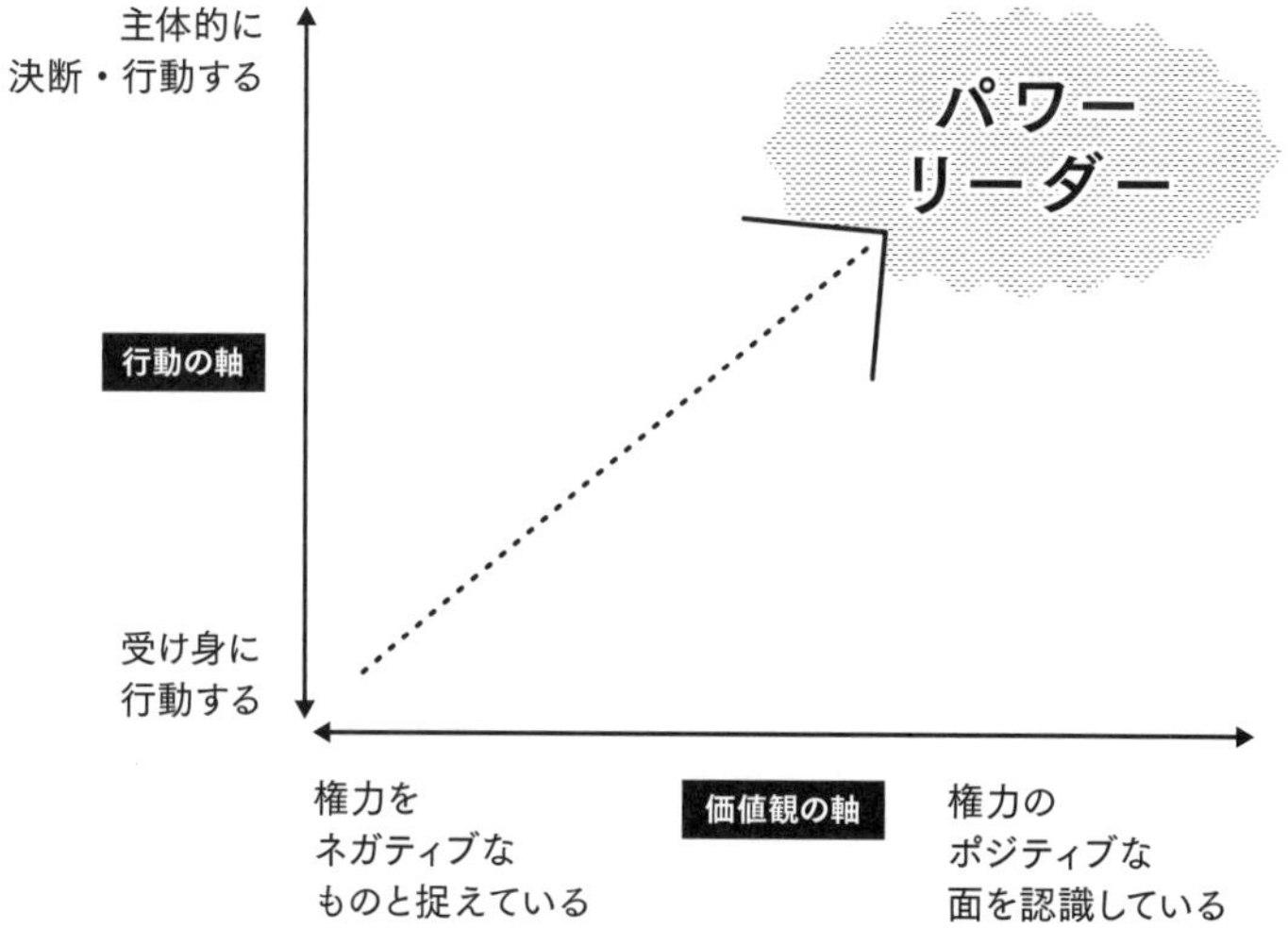
主体的に
決断・行動する
パワー
リーダー
行動の軸
受け身に
行動する
権力を
ネガティブな
ものと捉えている
価値観の軸
権力の
ポジティブな
面を認識している

マキャベリ脳診断ツール

では、あなた自身は権力に対してどのような価値観、好き嫌い、距離感を持っているのでしょうか？　価値観の軸と行動の軸の図の中でどのあたりに位置づけられるのでしょうか？　自分のマキャベリ脳を診断してみましょう。[viii]

①価値観の軸

多くの人は、マキャベリ脳が大事だと言っても、権力に関わることは悪いことだ、と潜在的に思い込んでいます。多数派工作、脅迫、競争相手の妨害などの汚れ仕事的なイメージがつきまといます。次のような悪いイメージです。

- **人を操る**
- **裏取引**

- **背中を刺す**
- **裏切り**
- **中身もないのによく見せる**
- **ヒドゥン・アジェンダ（裏の議題）**

しかし、権力にはこうした否定的な面だけではなく、

- **他人を説得する**
- **志の同じ人を見つけて連帯する**
- **人に報酬を与えて支持を得る**
- **自分のやりたいことの実現のために社会的な能力を駆使して戦う**

などのポジティブな面もあるのです。

いずれにしろ、権力行使の能力がなければ、組織を使いこなして仕事をすることはできません。日本語で「権力」というと、マイナスのイメージがつきまといますが、英語でいえば「パワー」であり、プラスの意味もマイナスの意味もありません。

問1 **あなたの権力に関連すること**（説得する、同盟する等の社会的活動を含む）**に対する価値観は、どれに近いですか？**

A　権力否定派

権力に関連することに対して、マイナスの価値観、否定的な気持ちを持っている人。

例：「どうせ、ずるく、人を蹴落とす人間でないと出世できないさ」「なんで社内の根回しなんかに関わらないといけない？　もっと自分の仕事に集中させてくれよ」

B　ニュートラル派

権力に対して肯定でも否定でもない中間の人（AとCの中間）。

C　権力肯定派

権力に関連することをプラスにとらえ、肯定的な面を評価する人。

例：「一時的に混乱しても、変革するには必要だ」
「毎日ゴタゴタがあるほうがワクワクする。沈滞するよりずっといい」

②行動への志向

次に、自分がどれだけ社会的な行動（説得したり、同盟を結んだり、権力抗争したり、政治闘争をすること）を積極的にやるタイプか、自己診断してください。

人によっては、組織内の対立・抗争に巻き込まれるのを恐れ、ゴタゴタに主体的に関わろうとはしません。

問2 あなたの行動志向はどれに近いですか？

1　受動タイプ

ゴタゴタは頭を低くしてやり過ごし、できるだけ関わるのを避けようとする。

2 予測タイプ

権力闘争で何が起こっているか高みの見物を決め込む一方で、結果を予測しようとする。

3 行動タイプ

権力抗争や政治闘争を見たり応援したりするだけでなく、自分も主体的に関わる。

問い①と②の答えをマトリックスにしタイプ分け（DeLucaのフレームワーク）したのが次のページの表です。右上に行くほどパワーリーダーに近い人ということになります。逆に左下はパワーリーダーから最も遠い人になります。

たとえば、問1がAで、問2が1の人はA－1の「シニカル」タイプとなります。問1がBで問2が2であれば、B－2「予想屋」タイプとなります。

さて、あなたはどのタイプになりましたか？

自己診断マトリックス

		権力に対する価値観 A｜否定派	権力に対する価値観 B｜ニュートラル	権力に対する価値観 C｜肯定派
行動への志向	3 仕掛ける（主体的）	**狡猾** ・人を操ろうとする ・権謀術数	**責任の人** ・責任第一 ・役割、領域を守る	**パワーリーダー** ・全体を方向付け ・人を巻き込む ・インパクト志向
行動への志向	2 予測する	**守りの人** ・書類、記録好き ・慎重	**予想屋** ・誰が勝つか予測する ・噂好き	**アドバイザー** ・相談相手 ・コンサルタント
行動への志向	1 反応する（受動的）	**シニカル** ・だから言ったろう、が口癖 ・ゴシップ好き	**傍観者** ・まあ、なるようになるんじゃない？ ・ケセラセラ	**応援団** ・なんか面白いことやるみたいよ ・○○さん、応援してます！

※（巻末注 ix Political Savvy, Joel R. DeLuca, EBG Publishing 1999 を基に著者作成）

各タイプの特徴を知る

A-1　シニカル[ix]

組織内の権力闘争や政治抗争は本来的にマイナスな価値しかないととらえている。

シニカルのタイプは、自分のことを、現実がよくわかっているリアリストだと信じており、権力に関連することに対して非常に否定的で、組織内のゴタゴタや混乱から超然と距離を置こうとする。

イエスマンが昇進し、見かけだけ業績を上げるように見える人間がちやほやされることには、本心では不満を抱いているものの、「それが現実」と、ある意味、悟りを開くことで自分のプライドを守るタイプである。

自分でイニシアティブをとって何か新しいことをやることは無意味、と感じている。

このタイプの人は趣味や家庭に命をかけるタイプが多い。こういう人が多くなると、クリエイティブなエネルギーはすべて組織の外の活動に向かう組織になる（思い当たる組織はありませんか?）。

B-1 傍観者

完全に受け身だという意味ではシニカルタイプの人と同じだが、社内の対立や混乱はどの組織でも当然のものと考えており、必ずしもネガティブにはとらえてはいない。

権力がらみのゴタゴタは、「しかたがない」と受け入れる一方、自分にとって面白くない事態が起こっても、耐えてやり過ごすことができる。

このため、組織で長持ちするタイプである。「まあ、そんなこともあるさ、何事も時の運」ケセラセラというわけで、ストレスも少なく、思い詰めてすぐ辞めたりはしない。

変化をやり過ごすのは得意でストレスに強い一方で、自分から主体的に何かをしようとすることはない。「自分の仕事だけをきっちりやって、あとは運が悪ければしかたがない」というスタンス。

もともと行動的なタイプだったのが、いっとき主体的にやろうとして組織の中で理不尽に失敗し、それがトラウマとなって、このタイプになっていることもある。

エネルギーも積極性もある優秀な人を多く採用する大企業では、もともと優秀な人が組織内での経験を積むに従い丸くなり、このタイプの人として年をとっていく場合がある。

C－1　応援団

見るのは好きだが、自分でやるのは嫌いなタイプである。決して権力がらみのことを嫌っているわけではなく、むしろ、もっと盛大にやれ、と感じている。

スポーツの熱心なファンが選手の能力を見定めるのが得意なように、時として優れた鑑識眼を持っている。

権力的な争いや対立、混乱が時として、組織にとってポジティブな効果をもたらすことを知っているので、体を張って戦う人をバカにしたり嫌ったりすることはない。しかし、自分でリスクをとるのを嫌うので、あくまで観客にとどまることを選ぶ。

実際に戦う人を励ましたり、なぐさめたりすることもできる。体を張って勝負する人が負けてがっくりしているときに、「今晩一杯行こうぜ」と声をかけてくれたりするタイプである。

A－2　守りの人

権力に関する事柄について、極めて否定的にとらえている。政治的争いには積極的に関わることを拒否するが、政治闘争の結果、どうなるかを予測しようとする。

政治的な意向によって左右されるのを嫌がるため、手続きを完璧にし、文句をつけられないようにすることに精を出す。

長年、安定的な業績を上げてきた歴史ある大企業に多いタイプである。

変化を嫌うので、手続きを最重要視する。書類を大量に作り客観性を持たせようとする一方、たくさんのハンコをもらうなど、多くの関係者から合意してもらうことで、安心感を得ようとする。

新しいアイデアに対しては基本、否定的な反応を示すが、変化がやむを得ない方向と確信すると、一転、無批判なイエスマンとして受容する傾向がある。

B-2 予想屋

政治抗争、権力闘争に対してはニュートラルなので、ひたすら距離を置くのではなく、ある程度の関心を持って見ている。

傍観者と異なり、政治抗争の行きつく先を予測し、それに対応しようとする。単なる観客ではなく、どちらが勝つかと予測するのが好きである。

あいつが次のポストに座りそうだとか、あの事業部がもっと予算を獲得できそうだなど、自分なりの見立てを持つ、いわゆる「事情通」になる場合がある。

政治的なものは組織につきものだととらえているので、それについて話すのも、当然のことだと考えている。

組織内の情報の流れをよくする潤滑油的にポジティブな影響もあるが、逆に、不必要な噂をまきちらすことにより、多くの人の仕事への集中力を奪い、組織を不安定化させることもある（こういう人、いますね）。

C－2 アドバイザー

C－1の応援団タイプは励ますだけだが、アドバイザータイプは一歩進んで、権力抗争、組織内の混乱の中で主体的に戦う人に対して、戦い方をアドバイスすることで関与する。

時として実際に戦う人にとっての同僚であったり、シニアなトップ層の中にいる人であったりする。

「若い奴はいいアイデアがあっても組織での戦い方を知らないからね、こうして助けてやらないと」という感じで、有益なアドバイスをくれることもある。体を張って戦う人にとっては役に立つ存在だ。

アドバイザータイプは、権力争いがそれ自体悪いことだとか、必要悪とは感じておらず、プラスの価値を認めている。積極的に権力闘争、混乱がイノベーションに近づく道だと価値を認めている。

組織が合理性だけで回るものではないことを十分わかっているので、権力争い、政治闘争に身を投じる人をガイドしてくれる貴重な存在である。

その半面、非常に重要な事柄であっても、最後まで人任せで、結局は責任をとろうとしない、という面もある。

A-3 狡猾

表の上段欄はすべて、アクティブに権力闘争、政治闘争に関わる人たちである。

その中でも左上のA-3の狡猾タイプは、心の底では権力にネガティブな価値しか置いていないので、どうしてもやることが権謀術数的なものとなる。

仕事は所詮、勝つか負けるかのゼロサムゲームであり、人の足を引っ張るのも当然、という感じである。政治を元来悪だと決めつけつつ政治的に行動するので、質が悪い。

この狡猾タイプが自分のゴールを追い求めていくなかで、組織の利益が損なわれる場合がある。たとえば意図的に、競争相手の同僚のプロジェクトが失敗するように画策するなど、組織の利益を損なっても、自分の競争に勝とうとするのだ。

狡猾タイプは非常に行動的なので、このタイプの人がのさばると、組織に甚大な被害をもたらす。社内で足元をすくわれないかとか、邪魔されないかとかばかり考えていると、みな不安になって自己防衛に走るようになり、本来の仕事、たとえば顧客対応などは二の次にされていく。

業績が悪くなり、リストラを繰り返すなかで、こういう狡猾タイプの幹部がのさばると、できる人から会社を辞めていく事態となる。

B-3 責任の人

狡猾タイプと同じく、組織内の闘争、権力争いにアクティブに参加する。しかし、望んでではなく、やむを得ず、というスタンスである。

組織にとってベストなことをしたいと常日頃考えている。組織とは単にシステムや技術ではなく、人間の集団だということを理解しているので、権力ゲームに一概に否定的な感情を持っているわけではない。

自分の守備範囲を決め、それに責任を持つタイプだ。仕事ができる人が多く、組織内の混乱や、競争相手の政治的手段も読んで、対応できる。

狡猾タイプに対する反動で、やむを得ず反撃するという形をとることがある。「権謀術数だけで仕事をしない奴らに任せておくと、会社が台無しになる」という感じである。組織のために良い意思決定がなされるように頑張るため、組織の倫理観を高め、士気を上げることができる、ちゃんとした人である。

その半面、自ら好んで権力争いや政治闘争に身を投じているわけではなく、義務として、悪い奴らへの対抗上、いやいや政治闘争に参加するため、ストレスを感じ、疲れやすく、持続性がない。勤続疲労を起こしやすいタイプなので、結局は生き残れないこともある。

C-3 パワーリーダー

パワーリーダーのタイプは、権力や政治にポジティブな価値を置き、自ら主体的に決断し行動する。

このタイプの人は、組織は技術的なものではなく、何よりも人によってできあがっているということを理解している。組織が進化し続け、パフォーマンスを上げるためには、組織を構成する個々人の利害が一致し（チームビルディング）、かつ、それが組織の目標とも一致（コミットメント）することが最も重要だと理解している。

組織内の競争、政治闘争にも気づいてはいるが、基本的にはみなが組織のためを思って、良い動機で戦ってくれているものと考えている。

「ウチには少しやりすぎる人間もいるが、野心のない奴なんていないるか？　奴らのエネルギーが会社のために一〇〇％使われるようにするのが私の役割だ」という感じである。

権力に対してネガティブな価値しか置いていないタイプと異なり、このタイプの人は、中途半端に妥協せず、抵抗があってもクリエイティブな解決を目指そうとする。

一見すると対立する利害をどうやって組み合わせ、ウィンウィンにできるかを模索するなど、普通のやり方では成し遂げられないことを、どうやったら可能にできるか、創造的な解決案を作り出す。

派手に目立ったりすることに興味はなく、**カリスマ性もなく、一見地味で腰が低い**が、常に物事を前に進めることに最大のエネルギーを注いでいる。

狡猾タイプとの重要な違いは、常に**自分を超える何かの目的やビジョンのために働いているということだ。**

狡猾タイプは常に自分のために働いているので、自分の利害以上に目線を上げることはできない。

どうでしょう？　あなたは自分のタイプ診断と、そこに書いてあるコメントに納得できたでしょうか？

＊＊＊

誰でも、自分の立ち位置が唯一正しい、と考えがちですが、人によって、いろいろな立ち位置がある、とわかれば、それだけでも大きな成果です。

このタイプ分類は、組織のダイナミクスを見るひとつの視点となります。

たとえば、「アドバイザー」タイプの人は、「守りの人」タイプのことを、変化を嫌う抵抗勢力ととらえます。

「責任者」タイプの人は、「応援団」タイプのことが嫌いです。仕事もきっちりしないくせに無責任にはしゃぎやがって！　というわけです。

「シニカル」タイプは、リーダーのことを嫌うか、信用しない傾向があります。

とにかく権力がらみのことは悪いことと決めつけているので、狡猾タイプもリーダータイプも、シニカルの人には同じに見えるからです。

このタイプ分類は生まれつきのものも一部ありますが、本人が意識して変えられる部分も多いので、性格分類ではありません。

「立ち位置」と言い換えてもいいでしょう。事実、転職し会社が変わると、劇的に動き方が変わる人もいます。**つまり、自分はどうなりたいか、というほうが大事です。**

何を仕掛けても結局評価されないよ、リスクなんてとる奴はバカ、という風土が長年固定している組織で、「自分はパワーリーダーになりたい!」と思っても、所詮は環境が許さないでしょう。そういう人には別の場所が向いているのかもしれません。

逆に、誰にも煩わされず、マイペースで職人的に仕事をしたい、という人には、それに適した職場があるでしょう(そういう職場は、どんどんＡＩやロボットなどによって侵食され、少なくなっていくとは思いますが)。

組織にとって有用な人材とは

今の分類を組織にとっての有用度で分類すると、次のページの表のようになるでしょう。色が濃いほど、組織にとって有用な人材となります。

あとで詳しく見るように、企業とは独裁制です。トップである独裁者にとっては、自分を信頼してついてきてくれるかどうかということが大事なのですから、権力に関わることをはなから嫌う、自分を信用してくれない人の価値は当然、低くなります。

どのタイプが重宝されるかは、組織や業界によって異なります。たとえば地方自治体や銀行、鉄道会社などの規制産業、純粋国内産業は、今のところ大して変化しなくても心配のない組織ですので、重点は若干変わってくるでしょうが、基本は同じです。

この分類はイノベーションを起こす組織、変化しなくては生き残れない業界であれば共通して適用できます。

組織にとっての有用度分類

		権力に対する価値観		
		A｜否定派	B｜ニュートラル	C｜肯定派
行動への志向	3 仕掛ける（主体的）	**狡猾** ・人を操ろうとする ・権謀術数	**責任の人** ・責任第一 ・役割、領域を守る	**パワーリーダー** ・全体を方向付け ・人を巻き込む ・インパクト志向
	2 予測する	**守りの人** ・書類、記録好き ・慎重	**予想屋** ・誰が勝つか予測する ・噂好き	**アドバイザー** ・相談相手 ・コンサルタント
	1 反応する（受動的）	**シニカル** ・だから言ったろう、が口癖 ・ゴシップ好き	**傍観者** ・まあ、なるようになるんじゃない？ ・ケセラセラ	**応援団** ・なんか面白いことやるみたいよ ・〇〇さん、応援してます！

※（巻末注 ix Political Savvy, Joel R. DeLuca, EBG Publishing 1999 を基に著者作成）

診断結果を有効に活用するために

前ページの表で、色の濃いところは、リーダーにとっても大事なグループとなります。自分の立場に立って、助言してくれる存在（アドバイザータイプ）、少し頑固で言うことを聞かせるのはたいへんだけれども、自分の仕事をきっちりやり切ってくれる人（責任タイプ）は、非常に貴重です。

中間の濃さのところは、役に立つこともあるし、役に立たないこともある、くらいの認識です。たとえば、前向きな人の存在（応援団）は主体性はイマイチでも、組織の雰囲気を明るくしてくれます。

薄い色の左の三つは、組織にとってマイナスと理解されることが多いタイプです。つまり、**権力のとらえ方が否定的な人は、組織にとって潜在的リスクとなります。**

狡猾タイプのように行動的だと自己中心的な行動をとることで組織にダメージを与える

かもしれません。受け身の人はシニカルに他人の活動を斜めに見るだけで、自分のエネルギーは組織の外に向かい、組織への寄与度が非常に少なくなります。

いわゆる「言われたことをやるだけの人」は、一番下に位置する三つになります。自分でやりたいことを提案して実行するには、説得したり、好意を持ってもらったり、メリットを与えたり、という幅広い政治的な活動、社会的な活動が必要です。こういうことをしたがらない人は、組織にとってプラスの価値が少ない人と見なされます。言い方を変えると、何事も他人事ととらえ主体的に動かない「オーナーシップのない人」です。

一方、「意識高い系の人」は、権力にポジティブな意味を認める右側の三つと重なりますので、多くの場合、組織にとって有用な人材と認識されるでしょう。

いずれにせよ、自己診断で左下のほうに位置する場合は、要注意です。若い低コストのうちはよくとも、四十代、五十代では会社にとってのお荷物的な人材となっている可能性があります。

逆に、権力をポジティブにとらえ、自分も主体的に動ける右上のほうの人は、年齢が高くても有用な人材となります。

この本では、実例をあげて、権力闘争、政治抗争の持つ多様な可能性について書いています。権力的な活動、政治的な活動の価値を認識し、かつ自分から主体的に行動し、一歩踏み出せるようになっていただきたいと思います。

これまでの話を要約すると、私たちが目指すべきは、次の移動です。

右への移動＝権力のポジティブな価値を認める
上への移動＝決断、行動する

本書を読んだあと、もう一度自分の立ち位置を確認してみてください。少しでも右上に移動していれば、この本の目的は達せられたことになります。

中間管理職が勘違いする理由

日本は、従業員レベルでは世界最高水準の意欲、技術力、能力を持っているのに、マネジメントの水準は低い、とよく言われますが、本人の能力の問題以外に、マネジメントをする人たちがそもそも権力を行使できないがゆえに失敗してしまうケースも多いのではないかと思います。今後、強い権力を行使できるパワーリーダーをどう生み出していくかについて、オープンな議論が必要です。

権力を嫌いタブー化すると、オープンに議論すらできません。これまでの日本の組織にありがちな、権力をタブー化する考え方について、整理しておきましょう。

権力や政治を忌避する考え方のひとつが、**権力がなくてもリーダーシップは可能**だという考え方です。

多くの日本企業は、中間管理職がのさばりすぎた結果、何も決められない組織になっていますが、多くの場合、「権力がなくてもリーダーシップは可能」という考えの犠牲者です。

そもそも権限移譲は英語でempowermentと言います。もともとの意味は、power（権力）を与える、ということで、権限（責任範囲）を与えるということではありません。

このコンセプトをよく考えずに輸入したことが、大きな混乱をもたらしてしまいました。実際の中間管理職には権限はありますが、権力はないからです。

私がお手伝いしていたあるベンチャー企業で、大手日本企業との提携話がありました。大企業の副社長と話ができて好感触だったのですが、それが事務方に回されて検討また検討、書類を大量に作って一年を空費したあげく、結局、話は立ち消えになりました。

リスクがなくなったら検討する、とのこと。リスクがあるから安いわけで、リスクがなくなったら断然高い値段になるのですが……これが外国のベンチャー企業の買収で高値掴みする理由でしょう。それ以降、大手企業の一見魅力的な話には、できるだけ乗らないようにアドバイスしています。

またあるベンチャー企業は、日本の某大手電気メーカーと打ち合わせをした際、こちらが一人なのに、先方はなんと一七人も会議に出てきたと驚いていました。しかも、ダメ押しとして「今日は製造部門の人間の都合がつかなかったので、関係者全員ではありません。改めて機会をいただきます」と言われて、愕然としたとも。

結局、その企業との提携話は消え、社長が一人で決めることのできるアジア企業と提携したとのことです。

楽天があるイスラエルのベンチャー企業をM&Aしたときは、三木谷社長がプライベートジェットで現地に飛び、その場で買収を即決しました。向こうのVC（ベンチャーキャピタル）の人が驚いていたのはそれだけではなく、そのあとの実際のトランザクションまでの速さでした。真に権力のある人が決断・行動しないと、同じようなスピード感で実行することは不可能でしょう。

中間管理職が間違った方向に向かう現象は、**権限移譲という言葉の意味の勘違い**から生じています。

中間管理職は、**いくら権限移譲されても、本当は権力を持たず意思決定できないので、客観的な資料や社内各部門の総意をつくろうとします**。その結果、意思決定する権力者が所在不明になっているのです。

権力のないリーダーシップは不可能

間違った権限移譲をすると、意思決定を誰がするのかわからなくなります。いくら中心に達しようとしても、周辺的な人が出てくるだけで、いつまでも意思決定する人にたどり着くことができないのです。権限移譲の意味を間違えてしまったのは、経営理論を直輸入した弊害でもあります。

マグレガーMIT教授はその著書『企業の人間的側面』×で次のように述べています。

人間には二種類あり、

①「人間は本来怠けたがる生き物で、責任をとりたがらず、放っておくと仕事をしなくなる」

——この人たちには**命令**や**強制**でしっかり管理しないといけない（X理論）。

②「人間は本来進んで働きたがる生き物で、自己実現のために自ら行動し進んで問題解

決をする」
――この人たちには**自主性を尊重**する経営手法が有効である（Y理論）。

この理論はマズローの欲求段階説に関連づけて説明され、X理論は低次元の欲求を多く持つ人間に適用され、Y理論は高次元の欲求を多く持つ人間の行動モデルに適しているとされます。

低次元の欲求が充分満たされているような現代社会では、Y理論に基づいた管理方法の必要性が高い、という理論です。

その後、日系三世のオオウチ教授がその著『セオリーZ』※で、HP（ヒューレット・パッカード）、IBM、P&G等の優良企業は、X理論とY理論の両方の良さを取り入れた**「Z理論」**を採用し、**命令・強制と信頼関係の両方**をベースに経営されていると論じ、大きな影響力を持ちました。

このように、命令・強制と信頼関係の組み合わせがオオウチ教授のポイントだったはずですが、日本企業に逆輸入されたときには、なぜか、**Y、つまり信頼関係、自発性のみが注目され、Xの命令・強制は時代遅れとしてどんどん無視されて**いきました。

権力を排し、自発性・信頼だけで組織が成り立つという考え方に勘違いされてしまったのです。

ついには、独断専行で意思決定する経営者は「ワンマン経営者」と呼ばれ、時代遅れの過去の遺物と見なされるようになり、できるだけ権限移譲するのが善とされるようになっていってしまったのです。

権限移譲の真の目的は部下に邪魔されないようにすること

しかしそもそも、権限移譲の目的とは何でしょうか？

権限移譲の真の目的は、ルーティンの仕事、オペレーショナルな仕事までリーダーが全部自分で決めていると到底、時間がないため、そうした用事から自分を解放し、より有効に自分のキャパを使うためです。効率的に自分の時間を使うために、重要でないことを部下に任せるのです。

言い換えると、**権限移譲とは、部下が自分の邪魔をしないようにするための知恵**、になります。邪魔をするな、というと身も蓋もないので権限移譲と言い換えていますが、それ以上のものではありません。

何度も言いますが、**権力はリーダーシップの重要な要素です**。そして、**中間管理職には権力はありません**。

権力の側面を排し、あいまいな「権限」だけ移譲されても、中間管理職は意思決定できません。つまり、中間管理職に無理なことを要求していることになります。

中間管理職はできもしないことをやろうと一生懸命に努力した結果、書類が積み重なり、内部の会議が増え、結果として何もできない重たい組織になっていきます。

中間管理職の市場価値はマイナス五千万円？

三越伊勢丹は、二〇一七年一二月、退職金の上乗せ支給を柱とする大規模な早期退職制度を新設しました。比較的若い四〇代終盤のバブル入社組も対象で、なんと、通常の退職金に五千万円を上積みするそうです。

それだけの大金を払っても辞めてもらったほうがいいのはなぜでしょうか？

インタビューでは会社側は、「バブル入社組の多くは変化を嫌っていた。プライドが高く、現状維持を優先してしまうのです」と言っています。[xii] その「抵抗勢力」を減らして若手の活躍の場を広げようというのが、今回の早期退職制度のねらい、とのことです。

トップの改革の抵抗勢力となり、かつ若手の活躍の邪魔をする……これが、自分が権力を持っていると勘違いした中間管理職のもたらすマイナスの影響と言えるでしょう。お金に換算すると五千万円の負の価値がある、と会社に判断されたことになります。

中間管理職は権力者ではありません。たとえば新規事業で、別会社化され、人事権も持つようにならないと、中間管理職が権力を持つことはありえません。

勘違いした中間管理職にならないための正しい働き方は、二つあります。

ひとつは、第三章で詳しく書きますが、別会社化してもらい、人事権も含めて社長になること。バランスシートと人事を含めて権力行使のやり方について若いうちから場数を踏むことになり、成長スピードが非常に速くなります。

古い企業でも社内ベンチャー制度を作っている会社もありますし、海外子会社を任せるケースもあるでしょう。そうした機会を使い、早く社長になる方法です。

もうひとつは、**中間管理職には何の権力もない、という現実を直視**し、新しい真のマネージャーとしての働き方を目指す方向です。これまでの中間管理職ではなく、部下の成長を助け、チームの土台となって働くことでパフォーマンスを上げるマネージャー人材は希少ですので、この方向でのキャリアの可能性は今後大きいと思います。

真のマネージャー人材になるための詳しい方法は、第六章で書いています。

第二章 良い独裁力と悪い独裁力を見分ける

頭にしかと入れておかねばならないのは、新しい秩序をひとり率先して打ち立てるということくらい、難しい事業はないということである。

またこれは、成功のおぼつかない、運営の面ではなはだ危険をともなうことでもある。というのはこれを持ち込む君主は、旧制度でよろしくやってきたすべての人々を敵に回すからである。

——マキャベリ『君主論』

世界の原理がわからないと、組織も個人もボロボロになる

うわ！　なんか大げさなことになってきたな……！

「世界の原理」などと聞くと、そういう反応を示す人が多いのではないかと思います。事実、原理原則を知らなくとも、職人技や現場の力に優れる日本人は、なんとかやっていけます。事実、いまだにマスコミは、日本の製造業スゴイ！　というコンテンツを垂れ流し続けています。

しかしよく見てみると、すべて単品技術や職人技の話であり、産業レベルで世界をリードする話は全くといっていいほどありません。

中国、アメリカ、台湾などの企業が入り乱れて戦っている状態で、世界のどこに行っても日本企業の存在感はなくなりつつあります。日本は明らかに衰退局面にあるように見えます（欧州も同じ）。

この差は現場力や技術力の差ではないでしょう。その方面では日本は昔も今も世界最高レベルです。

企業は民主主義で運営されているのではありません。むしろ独裁国家に非常に似ています。**企業の基本原理は民主制ではなく、権力の集中、言い換えると独裁**です。

世界の時価総額の上位を見ると、アップルやアマゾン、アリババやテンセントといった新興のベンチャー企業によって占められていますが、それらは別に独自の新技術を売り物にしているわけではありません。

それら**大成功している企業の最大の特色は創業者への権力の集中**にあります。

言い換えると、今や世界を覆っている「起業家社会」とは、個人の力量を最大限に発揮させる仕組みなのです。

企業が新しく興るときの、強い権力、権力をめぐる抗争、政治闘争はエキサイティングなプロセスです。

古い会社でもそれは同じです。組織の革新や産業レベルのイノベーションを起こすために強い権力の行使は不可欠です。**古い組織でも、改革し大きなイノベーションを起こすた**

めに**権力の集中が必要**になります。

この国では、役人が既存業者の意向に左右され、世界の動きから消費者を遮断していることがあります。

たとえば、今やUberを使えないのは日本だけです。ヨーロッパで規制の動きがありますが、まずUberが導入され、それから規制を検討しているわけで、門前払いの日本とは事情が異なります。

Uberのほうが、普通の人の自家用車なので車はきれいにメンテされており、懐具合によってグレードも選択でき（ヒュンダイからベンツまで価格帯により選べる）、市場に評価されるので運転手の質も良く、値段は安い、というのが常識ですが、老人にとって使いにくい、安全が担保されない等の謎の理屈を並べて日本だけが禁止して、ガラパゴス化しています。

話題のフィンテックも、既存の金融機関を守るための規制によって、Venmo（友人や家族間でお金を簡単に安く送金できるビジネスで割り勘などに便利）などの最新サービスが日本では存在しないといった具合にガラパゴス化していて、日本にいるとほとんど最先端のサービスはわからなくなります。

世界から遮断され、変化が堰《せ》き止められている業界では、混乱はまだ起きていません。

しかし実態は、「堰き止め」が可能なのは一部の規制産業だけで、多くの業界で世界の変化が日本にもなだれ込んできています。今は堰き止められている業界も、いつかは抗《あらが》えずにダムが決壊するでしょう。

つまり、古い秩序が打ち捨てられ、先の見えない、エキサイティングな混乱の時代が来ているのです。


先述のように、企業は独裁国家に似ています。会社のトップを独裁者ととらえると、いろいろなものが明白に見えてきます。たとえば、会社には、民主主義国家と異なり、言論の自由はありません。日本のような言論の自由がある国では、国をけなそうが、首相のスキャンダルを暴こうが、全く自由ですが、会社ではそうはいきません。

このように企業が独裁国家に近いのには、理由があります。そうしないと、今述べたような混乱の時代にサバイバルできないからです。

イーロン・マスクの独裁力

電子決済の先駆けであるPayPalの創立者で、宇宙ロケットの推進部分を再利用することで打ち上げコストを画期的に下げたスペースX、最近の世界的なＥＶ（電気自動車）・自動運転のブームを作り出したテスラを経営し、最近も人工知能の会社を立ち上げ、火星に行くことを公言するイーロン・マスク。彼は、現代の経営者の中で最も突出したリーダーシップを持つ人といってよいでしょう。フィンテック、宇宙、ＥＶ、自動運転、ＡＩ、すべてにおいて最先端を行っており、同じ人類とは思えないくらいです。

ところで、最近、テスラの社員あてのイーロン・マスクのメッセージが話題になりました。抄訳は次のようなものです（GIGAZINE NEWS[xiii]）。

件名：テスラにおけるコミュニケーション

会社の中において情報がどのように流れるべきであるかについては、二つの流派がある。これまで最も一般的だったものは、常に直属の上司を介してコミュニケーションが行われる指揮系統の方法だ。この方法の問題は、上司の権限が強くなる一方で、個人が会社に対して貢献できなくなるというところにある。

ある部署の人物が別の部署の人物に接触し、問題を素早く、そして正しい方法で解決する。そんな方法とは逆に、多くの場合は、部下は上司に話を持ちかけ、その上司はまたさらに上の上司に話を持っていき、さらにその上司が別の部署に話を持っていく……という流れを強いられている。そして、情報が戻ってくるときにも同じルートをたどることになる。

これはありえないほどバカバカしい方法だ。このような方法を許しているマネージャークラスの従業員は、すぐに別の会社で働くことになるだろう。これは冗談ではない。

テスラで働くすべての従業員は誰でも、最速で問題を解決して会社に貢献できると考えた相手に対し、直接メールや口頭でコンタクトをとることができるし、そうすべきだ。直属の上司の許可なしに、その上の上司に話を持っていってもよい。他部署の統括マネージャーにコンタクトをとってもよいし、私（マスク氏）に接触してもよい。

誰にコンタクトをとる場合であっても、誰からの許可も必要としない。さらに、物事が正しい方向に進むまで、自分にはその義務があると考えてよい。重要なのは、これは単なる世間話をするためではなく、テスラが超迅速に物事をうまく進められるためであることを認識してもらいたい。

テスラが、既存の自動車関連の大企業に正面からぶつかることは明らかに不可能である。そのため、テスラはインテリジェンスとアジリティ（敏捷さ）で勝負する必要がある。

最終的な目的のひとつは、会社の中でコミュニケーションを阻害するような対立した人間関係を生み出し、閉鎖的な組織を作り出すことを防止するために、マネージャークラスの従業員が全力を尽くすことにある。

残念ながら、これは人間が生まれつき持つ傾向で、我々は能動的にこれに立ち向かわなくてはならない。

各部署が互いに壁を作り、会社全体ではなく部署ごとの内輪の成功を目指すようなことが、テスラにとってどれだけの助けになるだろうか?

我々は同じひとつのボートに乗っている。皆さんには、自分の部署のためだけではなく、常に会社のために良いことを考えてもらいたい。

このメッセージは三つのことを示しています。

1テスラのような最先端の新興企業でも、組織内に壁ができ、大企業病がはびこる傾向があること。

2従業員はどうしても居心地のいいサイロを作り出し、自分の安住の地を作り出そうとすること。

3トップが強力でないと、人間の組織が持つその強い傾向を打ち壊すことはできないということ。

つまり、**人間の本性や組織の自然な慣性に逆らう**ためには、**強い権力**が必要になるのです。

GEイメルト前CEOの独裁力

もうひとつの事例を見ていきましょう。

GEは、かつてはシックス・シグマという、オペレーションを堅確に回すためのトレーニングプログラムを非常に重視していました。成績が良いとブラック・ベルト（黒帯）となり、それが昇進の条件のひとつでもあったのです。

ところが、GEはそうしたオペレーションの重視から、イノベーション・アントレプレナーシップの重視へと急激に舵を切りました。

シリコンバレーから生まれたリーン・スタートアップの手法を導入し、これまでのシックス・シグマのやり方とは真逆の方向を向こうとしているのです。

今までのやり方に慣れ親しんだ三〇万人の従業員を、シリコンバレー流の働き方へと変えさせるには想像を絶する労力が必要です。

GE前CEOのイメルト氏はインタビューで、「時間をかけて製品化しても顧客のニーズとずれてしまう」ことから、「一〇〇%を目指すよりも、いち早く製品を市場に投入して修正を重ねるほうが結果的に顧客の利益にかなう。泰然と構えた大企業であっては、この時代を生き残れない」(Forbes Japan)と言っています。[xiv]

シリコンバレーで浸透している仕事のやり方は、顧客との接点を最重要視するものです。従来のメーカーだと、通常六か月〜一年かけて製品を開発し、品質面、耐久性等の試験を経たあとで、マーケティング・販売部門に初めて案件が移り、顧客と接触するのが普通でしたが、それではすでに巨額の開発資金を投じたあととなり、方向転換すると大きな損失が出てしまいます。ひどい場合には方向転換はあきらめ、玉砕を半ば覚悟しつつ量産・販売開始し、製品はできたが顧客はいない、というリスクを抱えることになります。

これに対し、シリコンバレーで浸透しているファストワークスでは、そもそも製品ができあがる前から顧客の声を聞くことが最重要視されます。できるだけ早く顧客からのフィードバックを得て方向転換するので、失敗するのは早くなります。そして、最後まで方向転換を繰り返すことで、最終的には確実に顧客に支持され売れる製品を市場投入することができるようになります。

ＧＥはこの方式を具体的に組織に落とし込むために、組織・仕事のやり方を変えました。従来の製品開発プロセスでは、必要な人員や予算は案件の承認と同時に大きく割り当てられていました。それをやめて、**少額から投資を始め、マイルストーンを達成するごとに次の段階に必要なリソースを投入していく、リーン・スタートアップの方式**にしたのです。

開発の早い段階で顧客ニーズを検証し、見込みのある解決策はすぐに試すことで、コストを抑えられます。このため、同じ予算でも複数のプロジェクトを同時並行に走らせることができ、トライアルと実験を経て有望プロジェクトに絞り込み、そこで初めて本格的に資源を投入することになります。

これは、ＶＣ（ベンチャーキャピタル）のやり方と同じです。ＧＥが試行しているのはいわば本社機能のベンチャーキャピタル化であり、社内には数多くの疑似スタートアップ企業がひしめき合い、成功しそうなスタートアップだけに投資を集中する、という新しいコンセプトの会社となったのです。

このスタイルでは、全社を挙げて取り組む総力戦などはすでにありません。数多くの局地戦を奇襲で戦いつつ、負けそうになるとあっさり降伏する一方、勝てる戦闘では戦果を最大限に拡大するスタイルです。

場の設定　↓　試作競争　↓　選択　↓　投資

という形です。これまで教科書で習った、

企画　↓　開発　↓　製造　↓　営業

の流れとは根本的に異なり、**本社の企画関係のサラリーマンの仕事はほとんどなくなります。**基本的な組織のあり方、働き方として、GEに限らず、今後はこういった働き方が主流になっていくでしょう。

GEはもともと発電所やエンジンなど重厚長大の会社だったのが、ここまで変えてきている。以前と戦い方も組織もがらりと変える。それには社内の抵抗を排除し、強力な権力者が自分のコンセプトの実現のために権力行使をしないといけません。

ところで、先日、ＧＥの競争相手にあたる日本企業の人（人事部の偉い人）と話をしたときに、日本ではこんなことは到底無理、と言っていました。なぜかと聞いたところ、「やろうとしても、中間管理職が言うことを聞かないでしょう」ということでした。

ドラスティックな変化を好んで受け入れる人はいません。**人間の本性や組織の慣性に逆らい、変化を権力の行使で可能にする力が独裁力**です。

普通の人間は、誰しも不安定な状況が続くのは耐えられないので、ドラスティックな変化に拒否反応を示します。安全ゾーンを作って自分の居心地を良くしようとします。イーロン・マスクのような異次元人でもない限り、自分の居心地を良くしたいというのが人間の性ともいえるものでしょう。

みなが自分の居心地を良くしたい、だけでは、組織は老いて沈滞します。**自らが持つコンセプトの実現のために、人間の性に逆らい邁進する強い権力を持つリーダーシップ**が必要になるのです。これを**「良い独裁力」**と言います。

どのように良い独裁者を選ぶのか？

そもそもアマゾンのジェフ・ベゾスのようにコンセプトが世間一般の認識から乖離し、「ぶっとび」すぎている人が、大勢の凡人の同意を得るなんてことはできません。説明してもわかってもらえないことを、組織を通じて実現するには、権力を行使し、自分の思い描くように組織を稼働させるしかありません。

したがって、**独裁的な権力を持つトップは会社にとって最重要の資産**といえます。

とすると当然、どうやって正しい独裁者を選ぶのか、どうやってダメな権力者をクビにするのか、ということが企業にとっての最大の関心事になるべきです。

日本企業も、強いトップに権力を掌握させる仕組みを考えることが大きな課題になるでしょう。そのときになってあたふたするのではなく、権力者をどう選ぶのがよいのか、どうやってダメな権力者を退陣させるかについてオープンな議論をしておくことが重要です。

経団連の中核企業などで、誰が見てもパッとしない人たちがトップに居座っている会社が散見されますが、ひとつの比較例（ダイヤモンド・オンライン）[xv]を見てみましょう。

ソフトバンクの孫社長のボードメンバーは多彩な才能を持つ人が多いため、本当に実のある刺激的な戦略の話ができるでしょう。そのメンツにはユン・マー（アリババ会長）、柳井正（ユニクロ社長）、マーク・シュワルツ（ゴールドマンサックス元副会長）、ヤシル・アルマヤン（サウジ投資ファンド理事）などが入っています。

孫社長はこういう人たちからインスピレーションを得て、事業の構想をしているのだと想像できます。

一方、東京三菱ＵＦＪ銀行の幹部は、出張などでいない役員を除けば、常務以上の役員は毎日、本店九階の役員食堂に集まって仲良くランチを食べているそうです。そして、「ランチ時、役員食堂のテーブルの上には名前が書かれた名札が置いてあり、席まで決まっていた。懸案事項を抱えている役員が頭取の前の席に座らせられることが多かったかな。そしてランチが終わると、別室で仲良くコーヒーを飲むわけです。重要事項は会議室じゃなくてこの部屋でなんとなく決まることもあった」（役員経験者）。

しかも、頭取経験者を中心としたＯＢ会の影響力が非常に強く、「会長や頭取、副頭取ら取締役が決算や個別案件について、本来は何の決定権もないはずのOBに対して、事あるごとに説明して回らなければならない」（同OB）

（ダイヤモンド・オンライン[xvi]）。

この対比は極端な例でしょうか？　確かに、銀行という業種ということもあり、保守的になるのはしかたがない面もあるでしょう。しかし、

1取締役会がトップの刺激的な構想を支える場ではなく社内の日常業務の調整の場になっていること、

2裏の権力者（OBなど）が存在し、トップの権力が制限されていること、

の二点は、多くの日本企業に共通しているのではないでしょうか。

企業は、自己革新を常に続けないと、競争相手に負けてしまいます。**生き残るためには、勝てる戦略を強い権力により実行できる、良い独裁力のあるリーダーをなんとかトップに持ってくることが必要**なのです。

戦略より実行!?

トップの独裁的権力を強化する米国型の仕組みは、権力の重要性がよくわかっているからこそ生まれたものです。当然、当たりはずれもありますが、総体でここ数十年の株式時価総額の伸びを見ると、優れたメカニズムであると評価できるでしょう。

それでは、米国企業型の良い独裁者とはどんな人でしょうか?

実はアメリカのCEO選びのやり方の特徴は、**戦略立案の能力と、権力行使の能力を切り離し、後者をより重視して**いるところです。

極論を言うと、**CEOとなるには、戦略面より権力行使のスキルが重要**になります。戦略立案の面は社内の知恵者やコンサルタントでもできますが、権力の行使は本人しかできないからです。

CEOが全く違う業種の社長に転ずるのはよくあることです。IBMを立て直したルー・ガースナーはアメックスの社長（金融）→ナビスコの社長（食品）→IBMの社長（IT、コンピューター）と、全然違う業種の会社の社長を歴任し、きっちり成果を出しています。当然、彼には戦略を自分で一から考えつくような業界知識はありません。

言い換えると、戦略は借り物で充分。決断し、権力を行使し、立て直し、動かせる力がCEOにとって最重要です。

このため、CEOの仕事はかなりの程度類型化されており、プロトコルを守れば、どんな業種のどんな会社にスカウトされても、着任直後からフル稼働できることになっています。

業界知識や経験などが重視されるのは、トップではなく従業員レベルです。中間管理職やその下のレベルには権力はないので権力行使のスキルは不要です。したがって、詳しい業務スキルもない「部下が四〇人いた大企業の中間管理職」は存在価値がなく、外資系企業に転職できません。

逆に、全く別の業界でも社長経験があれば、社長として採用される可能性が出てきます。権力を行使する力・権力を行使して結果を出した経験が、社長選びにとって一番大事だからです。

米国型の権力規制を直輸入した日本の間違い

強力な権力には弊害もあります。

たとえば、ディズニーのマイケル・アイズナーCEOは、かつて取締役をお友達で固めることで独裁的な権力基盤を構築しました。

自分個人の弁護士、自分のつきあいのある建築家、自分の子どもの学校の校長先生、自分の息子が通う大学の学長などでディズニーの取締役会を固めた結果、ほとんど彼の意思決定に異を唱える取締役はいなくなったのです[xvii]。

このような行きすぎた例、強すぎる権力の例があまりに多くなってしまったので、取締役会のルールを詳細に決めたりすることにしたわけです。

つまり、権力が強すぎるから、ルールが導入されたのです。

日本企業のように、そもそも権力者の権力が弱すぎるところに、同じものを輸入し、真面目に当てはめてしまうと、ますます組織の活力は低下するでしょう。

日本は独裁力を強化するフェーズを経ないで、最初から権力制限、権力監視の最先端の結論だけを輸入し、弱い権力をますます弱くするという間違いを犯してしまっています。

アメリカの強みは、個人の能力や潜在的可能性について、極めて楽観的で、ほとんど青天井の評価をしている一方、ダメだとわかればさっさとクビにすることに知恵を使うところです。強い権力が持つポジティブな可能性を正当に評価する必要があります。

良い独裁力、悪い独裁力

権力が弱いと、権力が中間管理職に薄く広く分散して、ドーナツ状の中空状態になってしまい、戦略的に重要な意思決定が何もできなくなります。

「良い会社、悪い会社などというものはなく、良い社長と悪い社長がいるだけだ」という言葉がありますが、まさにその通りです。生き残りのために組織を革新できるかどうかは、究極的には個人にかかっています。

個人の能力やそのポテンシャルを一〇〇％生かすためには、その人が権力を使いこなすことが必要になります。そのためには権力のスキルが必要です。

権力を行使するスキルは本来、**価値中立的**なものなのです。価値中立的というわけは、良い人が使っても、悪い人が使っても、同じように効果を発揮する道具だということです。銃は悪人が持っていようが、善人が護身のために持っていようが、殺傷力は同じです。

人柄の良さでリーダーを選ぶな

日本社会でリーダーというと、とにかく立派な人格を期待されますが、これは儒教の影響がまだ残っているためもあるでしょう。少なくとも年功序列、官尊民卑、お金を汚いものとする考えなど、儒教の影響が日本のビジネス環境、特に役所・大企業ではいまだに色濃く残っていて、これがマキャベリを経て宗教から政治を解放したことのある欧米との違いです。経験則では、日本ほど、フォロワーがリーダーに辛い点数をつける国はないでしょう。

グローバル企業では部下からの評価を含む三六〇度評価をする会社が多いのですが、どの会社でも上司に一番辛い点をつけるのは日本支社だということです。最近はグローバル企業もその事情を把握してきたので、その辺の調整を行ったうえで評価に反映させている会社もあるくらいです。

リーダーに全人格的な理想形、「徳治」を期待する風土では、リーダーは非常にやりにくくなります。

行き詰まった組織では、決断力・行動力があり、難局を打開するリーダーが必要なのですが、破たんに近いような組織ほど、人格の優れた人、言い換えると誰にとっても都合のいい無難ないい人が選ばれる傾向があります。

業績不振で、OBや労働組合などの声の大きい関係者が多くいる「ややこしい」会社の社長に「良い人」がかつがれることが多いのは、良い人は決して、既得権益を侵したり、これまでの役員をパージしたり、会社ムラの住人に迷惑をかけないからです。

そうした会社は、結局、外から統率力のあるリーダーを呼ばないと、どうにもならない状態に追い込まれます。

必要なのは、業界知識や専門知識、戦略立案スキルではありません。自分の意思を抵抗勢力に対して貫徹できる力、強い権力を行使して決断し実績を上げる独裁力が、最大のポイントです。

そろそろ、リーダーを人物本位で選ぶのをやめましょう。

今の日本で独裁力が必要とされる背景

そもそもなぜ日本で今、独裁的な強い権力が必要とされるのか、今いちど整理してみましょう。だいたい次のようになるのではないでしょうか[xviii]？

1　磁北と真北がずれている

ある戦略的な方向に向かって権力を行使し組織を動かすのがリーダーの役割です。自分が見ている方向をフォロワーに示す必要があります。

しかし、フォロワーのほうは長年培ってきた自分なりのコンパスを持っています。混乱すればするほど、フォロワーは自分の持つコンパスを強く意識し、それに基づいて行動しようとします。

つまり、世の中が変わってくると、トップに見えている真北と、社員がそれぞれ自分のコンパスで見ている磁北の方向とがずれてくる。トップがいくら「こっちに行くぞ」と叫んでも、全く伝わらないことになります。

リーダーに**権力行使のスキルがなく、方向性のずれが放置**されると、パフォーマンスのジリ貧が続き、ついには破たんに向かって一直線、ということになります。

2　変化のスピードが速い

変化のスピードがどんどん速くなっています。五年前は自動運転には一部の人しか真剣になっていませんでした。この変化の速さが多くの組織に新しい課題を生み出しています。

たとえばある会社では、五年ごとに長期ビジョンを決めるため、「なぜこんな時代遅れの長期ビジョンに従わないといけないのか？」ということで不満が出てきています。

一方、別のある会社では、毎年のように「長期戦略」が変わるので、誰も言うことを聞かなくなっています。どうせすぐ変わるし、ボスも異動するので、今言うことを聞いて真面目にやってもバカを見るだけ、ということです。

方向感が定まらない半面、変化のスピードが速いと必然的に業務量は多くなり、仕事のストレスが増えます。しっかりした権力核がなければ、みなが自分の業務にかまけているなかで、結局、声が大きい、あるいは裏の根回しのうまいポリティカルな「政治屋」に会社の方向性を牛耳られていきます。

こうなると腰を据えて自分の仕事をちゃんとやろう、という真面目な傾向が薄れ、自分の庭先さえきれいにすればよい、という**全体を見ない傾向、短期の成績だけ帳尻を合わせる刹那主義の風潮**が生まれてしまいます。

3 フラットな組織

かつてはどの会社も平社員―係長―課長―部長と、確立したヒエラルキーを守っていましたが、最近は権限移譲、チームワーク・協力・スピードを重視するフラットな組織、マトリックス組織等々の導入が進みました。フラットな組織自体は今の時代には必然とも言える変化です。

しかし、組織のフラット化が、その意図していた方向にではなく、社内の政治化をもたらすケースも見られます。つまり、係長とか課長とかの役職・ポストの意味することがかつてより少なくなっているのです。かつてはポストで発言力が決まっていましたが、今ではポストに関係なく発言力、影響力が決まることが多くなっています。

肩書を見ても誰が実力者かわかりません。しかし、なんとなく社内では、力を持っている人が誰かをみなが知っている、という状態です。

こうなると、従来の肩書、正規のヒエラルキーは機能せず、社内で張り巡らせないといけないアンテナはたいへんな感度を求められます。つまり、**フラットな組織になったせいで、ポリティカルな方面に精を出す人が増えているのです。**

すると、そちらの方面ばかりが気になり、自分のやるべき仕事は後回し、という内向き企業になってしまうのです。

4　権力アレルギーの蔓延

権力についての議論をオープンにしない傾向は、昔からどこの国にもあります。組織における権力の行使についての理解の不足や、権力について議論をする際のボキャブラリーやフレームワークの欠如により、権力にまつわる生臭いことを言うと嫌われるのです。その結果、臭いモノには蓋、ということで、**表だって議論されないままますまそうとします。**

しかし、誰が権力を持つべきか、誰に権力を承継するべきか、それをどのようなプロセスで決めるべきかは組織にとって最も重要な事項です。最も建設的かつ真剣な議論が必要な事柄です。

権力に関する議論が裏で行われベールに包まれると、一般社員には疑心暗鬼とシニシズムがはびこります。普段からオープンに議論していないので耐性がなく、いざ権力抗争となると急に過激化しアングラな手段に訴えます（反対派のスキャンダルを週刊誌にタレこむ等）。

相手も、目には目とばかりに火消しではなく新しく火をつけると、どんどんエスカレートしていく姿があります（東芝のような超優秀な人を集めている会社でもそうなったことは記憶に新しいところです）。

権力に関わる重要な事項についての議論をきちんとテーブルの上に載せ、建設的な議論を始めることが重要です。

5　暗黙の書かれざるルールがいまだに残存する

謎の暗黙のルールがまだ残っている組織もあります。**最良の人材を確保し、仕事に集中させ、エネルギーと才能を正しい方向に向けるのが権力の行使**です。しかし、正規のコミュニケーションではなく、暗黙のルールが支配していると、正しい方向に向けようと思っても、誰も明示されたビジョンやゴールに反応しなくなります。なぜなら、みな、**それが表面だけの話だと知っているからです。**

正規の意思決定、戦略には興味を示さなくなる代わりに、長老の「真の権力者」がどう思うか？　ということが最重要の関心事となります。実際の権力を握っているのが誰か、おおっぴらに話さなくても実はみな知っているからです。

会社のビジョンや戦略に示される方向に頑張ろうとせず、影の実力者や長老の意向を汲むのに汲々としている上司を見て育つ部下は、当然ながら自分がリーダーになっても同じように行動することになります。

こうして無能なマネージャーがどんどん拡大再生産され、勝てない組織カルチャーが定着していきます。

このように見ていくと、最近の動き、すなわち、イノベーションやアントレプレナーシップを重視する組織に脱皮しようとする企業が増えている背景は、1〜3にあることがわかるでしょう。いわば日本の組織にとって最先端の悩みです。新しい戦略の方向と旧来の方向がずれ、変化のスピードが速く、それに対応するためにもフラットな組織が必要とされ、それが組織内の流動化、過度な政治化に拍車をかけている状態です。

一方、4、5の権力アレルギーと暗黙のルールについては、裏の権力の存在など、日本のやや特殊な背景からきているところが大きいと思います。

悪い独裁力とは

さて、悪い独裁力とは何でしょうか？

良い独裁力とは、あるべき姿、コンセプトの実現に向けて、時には人間の性《さが》に反して権力を行使する人です。したがって、悪い独裁力はその逆になります。

つまり、

自分の権力の獲得・維持のために、
人間の性（さが）を利用する

というのが悪い独裁力、ということになります。

権力の保持それ自体を自己目的化し、公私混同する権力者ということです。

組織を通じて何かを成し遂げることに興味はなく、自分の権力の維持が自己目的化しています。

ところが、この良い独裁、悪い独裁は、従業員にとって、反対に感じられることもあります。

良い独裁は高い目標を目指すため、従業員の人間の性（楽をしたい、威張りたい、等）に反することも要求しますので、必ずしもフォロワーにとって安楽や快適をもたらすものではありません。自分の作り上げた安全壁が壊されるかもしれないし、自分の才能とエネルギーをフルに出し切らないとサバイブすらできないかもしれません。

一方、悪い独裁は、何も必死で頑張らなくても安心安全、クオリティー・オブ・ライフの面では実は結構優れているかもしれません。ただし、いつまでも会社が続けばの話ですが……。

悪い独裁——権力の自己目的化

接待攻勢で権力基盤を築き、巨大企業のトップに居座り続けた有名な例があります。前著『独裁力』でも書いた例ですが、特徴的なので短くして再掲します。

ＫＫＲがＲＪＢナビスコを買収した当時、ＲＪＢナビスコのＣＥＯだったロス・ジョンソンは、狂ったように会社のカネを浪費するＣＥＯとして一躍有名になりました。一六機も社用機をそろえ、大人数のパイロットを雇い入れたために「ジョンソン空軍」との異名をとるなど、常軌を逸した浪費ぶりで話題になったのです。

しかし、彼は単なる浪費家ではありませんでした。彼が成り上がった秘密のひとつに、会社のカネを自分の権力基盤の強化にうまく使用した、ということがあったのです。

カナダ人のジョンソンは、大学卒業後中堅企業を転々としながら芽が出ずに不遇の二〇年間を過ごしたが、四〇歳のとき、スタンダード・ブランズという中堅の食品会社のカナダ法人の社長としてスカウトされたときから快進撃が始まる。

カナダ法人では、役員二三人中二一人のクビをはね、後釜に生きのいい若手を配置し、再建に成功。三年後には昇進してニューヨークのスタンダード・ブランズ本社の国際部門の長になる。さらに三年後、スタンダード・ブランズのＣＥＯに就任した。

ここでの彼のスタイルは一貫して、会社の経費、交際費を大量に使いながら取締役会メンバーと取り巻きの部下たちを手なずけていくというものだった。

五年後、ジョンソンはスタンダード・ブランズをナビスコに身売りし、しばらくあとに合併してできた新会社ナビスコ・ブランズのCEOに収まる。さらには、タバコ会社RJBの買収により、ついに巨大企業RJBナビスコのCEOに就任することになる。

その権力基盤を固めるのに、潤沢なタバコ事業の収益を使った。取締役会を手なずける方法として、たとえば、ある取締役がCEOを務める会社にはRJBナビスコからの仕事を流し、別の取締役にはRJBナビスコが主催する委員会の議長に就任させ、多額の顧問料を支払い、といった具合であった。[xix]

結局、RJBナビスコは優良なブランドを数多く持ちながら、本来のポテンシャルを発揮し切れていないということで、敵対的買収のターゲットになりました。

KKRが勝ち、ジョンソンはクビになりました。

ジョンソンには権力の獲得・維持のスキルはありましたが、RJBナビスコをどういう会社にしたい、どうやって価値を高めたいかというビジョンや戦略はありませんでした。

つまり権力の維持が自己目的化していたのです。

ある意味、ジョンソンにとっては、会社のカネで取締役会や部下を接待攻勢することが成り上がりのキモとなる権力の技術であり、単なる浪費家ではなかったのです。趣味、あるいは贅沢が好きで飛行機をたくさん持っていたというよりは、接待のために使っていたのでしょう。

ちなみに接待は、権力基盤を構築するのに重要なツールですが、それをケチケチ運動で制限されたサラリーマン社長ほどみじめなものはありません。

オーナー系企業の社長に比べて、サラリーマン社長は、味方に引き入れたい人に接待攻勢をかけられない、ということが大きなハンディになっているのではないでしょうか？

とっぴなように聞こえるかもしれませんが、日本企業のトップの権力基盤が弱くなったのには、経費の削減も一役買っているかもしれません。

悪い独裁――裏の権力

高齢化し、健康寿命が延びたことで、長年会社に居座る経営者の弊害は、最近ますます大きくなっています。取締役でもなく正式の権力がないにもかかわらず、退任後も隠然たる権力を行使し続ける裏権力があると、社長の権力が制限され、決断力、行動力を発揮することができなくなります。

権力が自己目的化した「ドン」の存在が会社の意思決定に不透明な形で大きく関わる結果、深刻な悪影響をもたらします。

東芝の故西室氏は、一九九六年に社長に就任、二〇〇〇年に会長となり、二〇〇五年には会長を退任し相談役となりましたが、院政を敷き、長年隠然と権力を行使し続けたようです。東芝は二〇〇六年に、東芝解体の原因となったウェスティングハウス（以下、WH）の買収を行っていますが、このときも、西室氏が大きな役割を果たしたとされています。

さらに東証、日本郵政の社長時代を通じて、西室氏は東芝にも強い影響力を行使し続けました。相談役という立場ながら、東芝本社の三八階の役員フロアの故・土光敏夫元会長が使っていた部屋に居座り続け、日本郵政という大企業の社長職にある間も東芝に週三日も出社し続けて院政を敷いてきたと言われています。（出典：ビジネスジャーナル）

裏権力による最大の弊害は何より、**表の権力が台無しになる**ことではないでしょうか？　裏権力が存在すると、表のビジョンや戦略よりも裏権力者の意向が大事になるので、表の戦略、表の権力には誰も注意を払わなくなり、本来の権力行使ができなくなります。

実は東芝は米国型の企業統治の方式である委員会設置会社に二〇〇三年に移行し、企業統治の優等生でした。

指名委員会（次期トップを決める）、報酬委員会（トップの報酬を決める）などの最重要機能は、社外取締役が過半数を占めないといけませんので、ほとんどの日本企業は嫌がり、まだ三％程度の企業しか導入していません。

つまり、統治機構は最先端だったわけですが、いくら最先端の機構を輸入し取締役会の形を整えても、取締役でもない人が実権を裏で握っていればすべては台無しです。

誰でも真の権力者を知っているので、「取締役会はどうせ形式だけ」と、みなが思ってしまうことは避けられません。

グダグダの姿を世の中にさらし続けた東芝半導体の売却先選定もようやく決着しました。

振り返ると、異様だったのは、普通のM&Aなら必ずある、値段の引き上げ合戦がなかったことです。どこかの陣営が二兆二千億円を提示した、こちらは二兆三千億円を提示した、という価格競争がバトルの本質のはずですが、マスコミで垂れ流されるのは、銀行が〜、経産省が〜、というような周辺の情報ばかりで、肝心の価格の話はありませんでした。

本来であれば取締役会が、株主価値最大化のルールに基づき、売却価値の最大化の責任を担うはずです。最大価格を提示した買収者に売却する、という基本方針をなぜとれなかったのでしょうか？

はじめから中国・台湾など、高い価格を提示し相場を吊り上げそうな相手を除外するから、入札価格は全然上がらない。最後まで安値のままです。国防上などの懸念があるのであれば、取締役会の決定した売却先に対して国が堂々と拒否すればよいのではないでしょうか？

つまり、売却プロセスを通じて**高く売ろうという意思が全く感じられなかった**のです。会社の売却なのに値段は二の次だとしたら、これは株主を完全にバカにした話です。

事実、報道（ロイター）[xxi] によると、二〇一七年一二月に東芝の株主である香港のアクティビストが半導体子会社の売却に異議を申し立て、売却価格二兆円は「事業価値を大きく下回っている」「売却する必要は、もうない」と指摘しています。このすぐあとにＷＨが訴訟を取り下げたことを見ると、いつまでもゴネ続けているとおいしい話がなくなってしまう、という判断かと勘繰りたくなります。

売却先選定プロセス自体に、官邸、経済産業省、銀行などの各種ステークホルダーが入り乱れ、不透明な形で介入したため、東芝が当事者能力を失ったと指摘されていますが、そうした外部のせいばかりではないでしょう。

原因のひとつは、もともと株主利益の番人であるはずの取締役会がまともに機能していなかったことでしょう。権力の核を作れなかったのです。

欧米理論の輸入は、どうしても形から入ることになりがちで、土着の粘り強さを欠くことになり、それが失敗の原因になります。強烈な執念を持つ土着の既得権のある人たちに負けてしまうのです。対抗するには、同じ土俵で泥臭く議論を積み重ねて味方を増やすしかありません。

これからますます長寿命化が進行し、組織に居座りたい経営者は増えていくでしょう。高齢になると、食欲は減りますが、権力欲だけは残り続け、逆に肥大化していきます。裏のドンがいると、ドンの寵愛を得るのは誰かということで、高齢者同士の派閥抗争が激化します。老人同士の嫉妬ほど醜いものはありません。そういう迷惑老人にならないようにしましょう。

このままだと、**高齢者の裏権力によって若い人が多大な害を被る**ことになります。

裏権力は、現場で奮闘している人たちの仕事のやる気を削ぎます。不要な派閥抗争、関係者との調整に貴重な人材のエネルギーを消耗することになります。

大きな危機意識を持つべき事柄です。

これが、**権力をタブー化せず、オープンに議論することが大事**だという理由です。

裏権力を表のカネで解決する方法

いつまでも会社から離れてくれない裏権力を防ぐには、カネで解決するというのが最も妥当なやり方でしょう。

たとえばグローバル企業のトップとして業績を上げた経営者に対しては、それなりの敬意を込めた多額のおカネを払い、それを一種の手切れ金とする方法です。

ジェネラル・エレクトリック（GE）のジャック・ウェルチ氏は、CEOとして、なんと合計一〇億ドルの報酬を得たとされる（1ドル一〇〇円として、一千億円になる）。加えて、退職手当が異常である。年間二〇〇万ドル（二億円）と言われ、ニューヨークのマンション、毎日届けられる花とワイン、社用ジェット機を無条件で使用する権利、などである。

その上に、年金がある。月八七万ドル（八七〇〇万円）である。なんと年間ではなく、毎月である。毎月一億円近い額を、老人がどうやって消費するのか。[xxii]

このように批判されたGEのジャック・ウェルチですが、一九九九年に『フォーチュン』誌で「二〇世紀最高の経営者」に選ばれている名経営者です。ある意味、GEは、それだけの実績にきちんと敬意をもって報いている、ということになります。その代わり、**退任後は一切GEの経営からは手を引かせています。**

退任後も会社離れができず、いつまでも不透明な権力を行使し続けるのと、巨額の金銭でお引き取り願うのと、どちらのほうが会社にとって損害が大きいでしょうか？

WHの関連では、東芝は一兆円を超す減損処理を迫られているとのことです。[xxiii] ジャック・ウェルチの退職金は高すぎるとしても、経営判断を誤るよりも、退職金をはずんだほうが、害が少ないのではないでしょうか？

日本では、一部上場の大企業でも、おそらく一〇億円もあれば十分ではないでしょうか。一〇億円あれば自前でビジネスクラスの海外旅行も楽しめますし、働きたければ自分の経験を生かしたコンサルティング会社などを新しく作り、オフィスや秘書を持つこともできます。満足して完全引退してくれるはずです。

皮肉なことに、東芝は戦後の長い間、同業のＧＥをお手本とし、追いつこうと努力をしてきた会社です。技術力では追いつき、一部は追い越すまでになりましたが、最後に**決定的な差となったのは、権力の重要性についての考え方の違い**だったといえるでしょう。

資本主義社会では、独裁は所詮一時的なもの

組織が変化に対応して生き残るために独裁的な権力が必要なわけですが、半面、悪い独

裁者がはびこり固定化する危険があります。
独裁的権力の維持が自己目的化するような形になると、組織は逆に沈滞します。

ザイールのモブツ大統領は、一九九七年に排除されるまで、暴力的、抑圧的、かつ腐敗した専制で、三二年間もその地位にしがみついた。国家の富は、モブツのオフショアの銀行口座に持っていかれたのだ。

アメリカの巨大保険会社ＡＩＧのＣＥＯは、なんとモブツ以上の長期間にわたり独裁者で、三七年間もその地位にあった。二〇〇八年のリーマンショックで破たんし、政府は何十億ドルも税金を投入することになってその座を降りたが、それ以前に、たとえば二〇〇四年には会計ルールを無視したかどでＳＥＣに一億二六〇〇万ドルの罰金を払うなど、過去にも数々の問題行動を放置していたことが明らかになった。[xxiv]

国で変な人に権力が集中してしまうとたいへんなことになるので、いくら非効率でも、民主主義が最適です。「民主主義は最悪の政治制度だが、これまでに存在したあらゆる政治制度よりマシだ」（チャーチル）と言われる通りでしょう。しかし、企業を民主主義で統治したほうがいい、と言う人はいません。

資本主義社会では、企業の独裁者といってもいわば任期制のようなもので、期間限定でしかありえません。一時的にどんなに独占的な地位を築いても、そのうち業界内外からの競争相手の台頭により、新陳代謝が速い速度で進むからです。

現代では、どんな業界でも大企業であることの必然性はほとんどなくなってきました。規模が小さくても、自分の勝てるところに絞り、独占的な地位を築くことで大企業に勝てるのです。数多くの企業が、適者生存を目指し、台頭することもあるし、滅亡することもあるからこそ活力が生まれます。

この栄枯盛衰が資本主義のあるべき姿、と割り切ることとセットで、**独裁は資本主義社会ではそもそも期間限定にしかなりえない**、と冷めた目で考えるべきでしょう。

独裁の弊害だけを念仏のように唱えて何もしないでいると結局淘汰されます。

強い権力を生かし、環境変化に対応しないと勝てない、という現実を認識し、**生き残りのために積極的に独裁力を活用すべき**です。

良い独裁力とは、構想を現実化する能力

良い将来像を組織を通じて実現したい、という強烈な思いのある人に、独裁者になってもらうことが大事です。

軍事戦略用語で、軍事力を準備、輸送、展開して軍事作戦を遂行することを戦力投射（プロジェクション）能力といいます。プロジェクターでPCの中のスライドをスクリーンに投射するのと同じく、机の上に書いた戦略を実際の戦場で映し出す能力、ということになります。

いかにいい戦略があり、戦力がそろっていても、それを現実世界に投射する能力がなければ無用の長物となります。良いコンセプトを持っている優秀な人がいて、カネも人もいる大きな組織であっても、現実世界に投射することができなければ何の意味もありません。

現実世界にあるべき姿を投射する際に必要となるのが、権力を行使し、組織の持てる戦

力を動員することです。これが独裁力です。

すなわち、**あるべき姿**（**構想**）**を、組織を使って実現する能力**、ということです。

以下のように考えると簡単です。

良い独裁者＝構想＋権力行使（**組織を動かす力**）

悪い独裁者＝権力自体が目的（**自己中・公私混同**）**＋権力行使**（**組織を動かす力**）

先に書いたように、CEOの能力としては、構想力よりも権力行使が重要になります。構想は、借り物でも問題ありません。シンクタンクや参謀でも戦略を策定し、未来像を描くことができます。

しかし、**組織を通じて構想を現実化することのできるのは権力者だけ**です。

リーダーシップの研究で有名なジョン・ガードナーは、「**権力はリーダーシップの一部である**」と書いています。**権力は最強の道具**です。これまで軽視されてきた、権力をどう掌握し、制御するかについて、徹底的に考え抜く必要があります。

乾いた視点で権力のロジックを理解し、学習して意図的に使いこなすことができれば、権力亡者の悪い独裁者とも渡り合うことが可能になります。

第三章
良い独裁者になる方法を知る

君主は戦争と軍事組織、軍事訓練以外に目的を持ったり、これら以外の事柄に考慮を払ったり、なにか他の事柄を自らの技能としてはならない。
それというのも、これのみが、支配する人間に期待される唯一の技能であるからである。

——マキャベリ『君主論』

「ポスト二代目の時代」の良い独裁者の条件

第二章で見たように、**良い独裁者＝構想力＋権力行使です。**良い独裁者になるにはどうすればいいでしょうか？

ひとつには、ベンチャー企業があります。ベンチャー企業は、構想力がないと創業できませんし、権力行使の能力がないと競争で勝ち残れないので、**自然淘汰によって良い独裁者が生み出されるシステム**だといえます。

つまり、数多くの創業者が生き残りのためにしのぎを削って戦うなかで、淘汰された良い独裁者だけが生き残るという、市場メカニズムによるリーダーの選択が行われているのです。

そこでは、失敗しても敗者復活もありなので、何回もチャレンジできますし、広範な候補者の中からオープンな市場競争で選択されることになります。したがって、**起業を通じて良い独裁者が選ばれるのが、最も自然**です。

アメリカ経済がEUや日本よりも常に活気のある状態をキープし続けているのは、この起業・スタートアップのメカニズムがうまく稼働し続けているからともいえます。

しかしベンチャー企業も、創業者がいつかは年をとり亡くなるので、「良い独裁者」の時代はいつか終わり、そのあと、二代目、三代目の時代になります。

日本でも戦後の一時期、「起業爆発」ともいえる状態となり、起業家社会が現出しました。ソニーやホンダの起業だけでなく、戦前から続く財閥や国策企業が解体され、上層部がGHQによりパージされたため、みなが若くして中堅・中小企業の経営者となったからです。

世代で見ると、当時の創業者・独裁者たちが去り、二代目・三代目となった時代が、バブルから三〇年続いた沈滞期とほぼ重なっています。

「良い独裁者」という観点からは、**企業のリーダーが市場メカニズムを通じて選択されなくなった時代がこの沈滞期にあたる**ともいえます。つまり、日本の沈滞期とは、社内昇進によりトップが選択される「二代目の時代」、つまりサラリーマン社長の時代でした。

そして、今は「**ポスト二代目の時代**」です。株式公開した大企業では勤続何十年のサラリーマン社長の時代、同族企業では息子の時代から、次の時代への移行期です。

ポイントは、**このポスト二代目の時代で、どうやったら「良い独裁者」になれるのか、**ということになります。大企業、ベンチャー企業、同族企業の順に考えていきます。

就職して権力行使を学ぶ方法

ベンチャー企業と違い、普通の企業では市場競争ではなく内部昇進による選別になるので、「良い独裁者」がトップになれる可能性は低くなります。

企業は独裁制なので、そもそも中間管理職には何の権力もありません。ところが、大企業のトップには、何十年も中間管理職として働いたあとでなければなれません。この結果、構想力どころか権力行使力もない人が社長になることがよくあります。

そうなると、ダイナミックな意思決定どころか、今まで通り続けるだけで精いっぱいの組織となり、時代の変化に対応できず、少しずつ地盤沈下していきます。

権力行使力は経験によって学ぶものなので、実践できる機会を探す必要があります。三〇人の部下がいる中間管理職より、三人の会社のトップのほうが経験値は高くなります。最近では、サイバーエージェントのように、新卒数年目で子会社の社長となり、一定の株も持ち、採用などの人事権を任されることがあります。その他、リクルートや一部の新興企業では、早くから権力行使について学ぶことが可能なので、そうした会社に就職するというのも、権力行使力を学ぶひとつの方法です。

大企業の本流部門にいると、経験者が上にひしめいているので、いつまでたっても権力行使を実践することはできません。万年中間管理職になってしまいます。

ですので、大企業にいながら権力行使を学ぶには、忘れ去られた傍流子会社や、新規事業や海外展開でのマイナー国の子会社などへの配属を希望するのがよいでしょう。そうしたところを志望する人は少ないので、狙い目です。

三井物産のように、社員によるベンチャー起業を奨励している会社も出てきています。別に五〇歳になってからでも遅くはありません。そういう制度を活用する手もあるでしょう。

権力交代の難しさ

社内昇進ではなく外部からプロ経営者を呼ぶ場合でも、良い独裁者を見つけるのは実はたいへん難しいことです。「良い独裁者」というのは、それだけ世の中で見つけるのが難しい希少な資源なので、高い値段がつくことになります。

ジョブマーケットで自分に高い値段をつけるためには、良い独裁者になるためのトレーニングを積んでおくのがベストの道です。旬の専門知識はすぐにすたれますが、**権力行使のスキルは年齢・経験とともに評価が高まります。**

しかし繰り返しますが、権力のない中間管理職ではなく、権力のある組織トップの経験値が必要になります。

GEは設立以来ずっとアメリカの産業のシンボルともいえる会社でした（日経平均に相当するダウ・ジョーンズ平均株価というのがありますが、それに採用された最初の会社です）。

ここしばらくは第二章で紹介したような方法で、GE全体のハイテクベンチャー化を進めていましたが、最近（二〇一七年）、CEOのイメルト氏が電撃的に退任し、代わりにフラナリー氏が就任することが発表されました。

二〇一七年の年初から中頃にかけて、GEの株価は一八%も下落しています。同じ時期に平均株価が一〇%上昇しているので、GEの不振が際立っていました。

CEO交代後も、株価はさらに三〇%近くも下がり（二〇一七年一二月時点）、GEはますます先行きに自信を持てなくなっています。いったい何が起こっているのでしょうか？


GEは、これまで経営の分野で時代を先取りしてきました。

元CEOのジャック・ウェルチ氏は現役時代、文句なしに偉大な経営者でした。彼はCEOに就任するや、業界No.1かNo.2以外の事業は売却検討対象とする、と公言してそれを実行します。アプライアンス（冷蔵庫・洗濯機など）からジェットエンジン、医療機器までの強力な収益力と将来性を兼ね備えた基幹事業のポートフォリオを築き、加えて収益の柱として金融事業（GEキャピタル）を育てたのは彼の業績です。

同時に組織のフラット化を図り、間接部門を縮小し、オペレーション・エクセレンスを目指すシックス・シグマやガバナンス改革であるセッションCなども導入し、それらのすべてが世界のビジネス界に大きな影響を与えました。

日本企業の間でも、GEを真似したポートフォリオ経営、選択と集中、組織のフラット化等々、GE手法の導入が大流行したのは、ビジネスパーソンならばご承知の通りです。

ウェルチ氏の時代、GEは時価総額で世界一の会社となっただけでなく、多数のプロ経営者を育て産業界に輩出してきたことでも有名です。従業員、株主のみなが満足していたので、ウェルチ氏は二〇年の間CEOを務めました。

しかし、退任時にはGEキャピタルの利益が会社全体の利益の五二%を占めており、GEは半分金融機関と化していました。

後任のイメルト氏は、金融機関としてではなく、GEの本来の出自でもある製造業としてのコア事業の強さを取り戻そうとして改革を行ってきましたが、改革スピードは遅かったようです。GEキャピタル依存をなかなかやめられず、二〇〇八年のリーマンショックを「もろ」に食らったおかげで、GEは製造業であるにもかかわらず、メリルリンチ、シティバンクやAIGなどの金融機関といっしょに政府の支援に頼るという、非常に不名誉な事態となってしまったのです。

その後、GEキャピタルやNBCを売却、アプライアンスや電球のようなレガシービジネスからも撤退し、第二章で述べたようなシリコンバレー方式を導入し、ハイテク路線に舵を切って改革していったわけです。

しかしなかなか成果は上がらず、株価も低迷していたので、ついに取締役会がしびれをきらした、というのが交代の理由だと思います。


それではなぜ、新CEOになっても株価が下がり続けているのでしょうか？　新CEOに指名されたときにフラナリー氏はこう言っています。「まずコスト、利益率、キャッシュにフォーカスし、次に会社のフォーカスを決める」。

つまりは財務的なアプローチです。このアプローチは、少なくとも短期的にはGEの株主を満足させるはず、と当時は思われましたが、結局そうはならず、フラナリー氏の就任後も株価は下がり続けました。

何が良くなかったのでしょうか？


今言われている最大の問題は、**将来のビジョンが見えない**ことです。

つまり、GEは結局何をやる会社なのか？　利益を出す以外の目的は何なのか？　一〇〇年後にどういう会社になりたいのか？　ということです。

大企業が「良い独裁者」に恵まれない理由

何度も言う通り、

良い独裁者＝構想力（ビジョン）＋権力行使力　です。

イメルト氏も、フラナリー氏もその意味では権力行使に優れた、トップレベルのプロの経営者です。

ところがGEのような多様な領域で複雑な事業を展開している会社では、まず事業ポートフォリオを最適化するという財務的な手段の重要性に目が行くため、「全体としてのビジョン」、「要するに何をしたい会社なのか」といったことはどうしても後回しになります。

イメルト氏が追求した、ハイテク・シリコンバレー路線というのは、「場の設定により多数の事業を生み出し、勝てる事業に投資する」という、VC投資のような方式なので、シリコンバレーがより大きなスケールと効率性で行っていることをひとつの会社の社内でやろうとすることになります。

シリコンバレーの真似をしても、所詮は非効率になるのは避けられないので、GEの会社としての存在価値はどこにあるのか？　という話になってしまいます。


「全体としてのビジョン」、「要するに何をしたい会社なのか」といったことを強い思い込みとして持っているのは、イメルト氏やフラナリー氏のようなプロの経営者ではなく、アップルのスティーブ・ジョブズやアマゾンのジェフ・ベゾスのような創業者社長です。

しかし、はたから見て、わけのわからない異様なビジョンに執着し、独善的で強い思い込みのある「変人」は、取締役会から毛嫌いされます。

一方、財務的なコスト削減や収益事業への集中をソツなく、手際よくこなす、常識ある経営者のほうが、取締役会にとって選んでもリスクの少ない無難な人選となります。


そうした背景から、今やアメリカでは、ＩＢＭやＧＥといった老舗大企業は、凡庸で面白くない存在と見られる一方、ベンチャー企業が「良い独裁者」に恵まれ、強烈な権力の集中・行使と独自のビジョンを併せ持つ存在として世界をリードする状態となっています。

日本でも外国でも、大企業では常識的な人しかトップに立てなくなっているので、良い独裁者を作りにくくなっているのです。[xxv]

ベンチャー起業での経営力の重要性

現在、わが国は起業ブームといえる状況で、リーマンショック後の二〇〇九、二〇一〇年にはそれぞれ一九件、二二件だったＩＰＯ（新規株式公開）の件数は、二〇一五年～二〇一七年のここ数年間、毎年八〇件～一〇〇件で活発に推移しています。大学発ベンチャーもそれなりに増えてきており、研究成果をなんとかビジネスに結びつけようという試みが多方面でなされています。

たとえば、日本でのユニコーン（企業としての評価額が一〇億ドル（約一二五〇億円）以上で、非上場のベンチャー企業を指す）候補として着目されているクオンタムバイオシステムズは、量子力学にもとづく次世代ＤＮＡシーケンサーの開発を行うスタートアップです。

ＣＥＯの本蔵俊彦氏は、元マッキンゼーのコンサルタントですが、大阪大学の川合教授、谷口教授の研究成果に惚れ込んで奔走し、研究室で出会ってからたった二か月で事業計画、資金計画、資本政策を策定し、創業に至りました。

マッキンゼー出身者が社長の東大・京大発技術を用いたリプロセルや、日産勤務、ベンチャー創業経験者が社長の東大発技術を用いたペプチドリームも、ビジネス人材が、大学の研究成果を活用するベンチャー企業の社長として経営し、株式上場を果たしています。

こうした例は増えてきており、いずれも、**経営力のある人が、世の中の技術シーズと出会い、起業を決意することが出発点**、といえます。

つまり、自分が研究者である必要はありません。

イーロン・マスクは別に宇宙開発の専門家でもなければ電池の専門家でもありません。最近世界一の金持ちになったジェフ・ベゾスも金融機関やヘッジファンドで働いていた人で、別にeコマースを研究していたわけではありません。彼らが優れているのは、新しい技術を生かした事業を構想でき、それを企業経営によって実現できることです。

つまり、**経営者には技術力は必要ない**、ということです。

そもそも今の理系の研究分野は非常に細分化されているので、工学部出身だからといっても事業分野の専門知識を持っているとは限りません。

パワーリーダーの公式は、**良い独裁者＝構想力＋権力行使力、です。**

必要なのは、技術を生かした事業の構想をすることができ、企業経営することのできるプロ経営者です。経営者自身が専門知識を持っている必要はないのです。

プロ経営者のベンチャー起業のチャンスは、これからますます広がる

つまり、「いい研究＝いいベンチャー企業」ではありません。

そんなことは当たり前、と思われるかもしれませんが、日本にはまだ「研究原理主義」ともいえる一派が残存しているので、当たり前のことが当たり前でない実態があります。

基礎研究が技術開発よりも偉い、技術開発は経営よりも偉い、という基礎研究＞技術開発＞経営という謎の信念があるため、プロ経営者の価値がそもそもわかりません。プロ経

営者とうまく協業できないので、ベンチャーが成立しなかったのです。

驚いたことに、研究原理主義者によると、ノーベル賞をとった中村修二氏も、製造技術を確立しただけなので二流、という評価でした。さすがにノーベル賞をとったあとは、中村氏への批判は下火になりましたが、中村氏は結局、研究原理主義者が跋扈《ばっこ》する日本に愛想をつかしてアメリカに仕事の基盤を移し、大学での研究の傍ら、ベンチャー企業を通じたビジネスの実現に注力しています。

現代では、研究で最も評価されるのは、最後の1ピースを完成させることになってきています。[xxvi] 最後の1ピースの重要性がますます広く認められ、ノーベル委員会からも評価されているにもかかわらず、ひたすら源流の研究が大事、という過去の常識にしがみついているのが、日本の研究原理主義者です。

しかし、研究原理主義者の年齢層は概ね六〇歳以上の人が多いので、これから数年で彼らの引退とともに、世の中の常識は変わっていくものと思います。経営力、権力行使のスキルのあるパワーリーダーにとっては、これからが技術シーズを生かした起業のチャンスです。

起業を考えている人は、良い研究成果・技術シーズとの出会いの場は探せばいろいろありますので、積極的にそういう場に顔を出すことが大事です。

ＶＣ（ベンチャーキャピタル）は何より経営者を重視するので、経営力のない社長の会社には投資しません。

プロ経営者の重要性はＶＣの活動が活発な東京では常識になってきていますが、これからは地方でも、プロ経営者の招聘《しょうへい》のニーズが高まってくるものと思われます。

同族企業で「良い独裁者」になる方法

日本は長年続く企業が多いのですが、そこに占める同族企業の多さがひとつの特色です。それでは、同族企業での「良い独裁者」選びはどうなっているのでしょうか？

同族企業がうまくいかなくなる場合、多くは、権力の承継に起因します。

社長の人選の**選択肢が限られる**、という問題があります。

同族企業の課題を見ていきましょう。

一代で会社を大きくした創業者の権力は問題ありません。問題は、ポスト二代目の時代に、どうやって良い独裁者を生み出し続けるかの方法論になります。

株式公開したら会社は公器となり、創業者のものではなくなります。最近株式上場した経営者に聞いたことですが、上場するために必死になって頑張る動機のなかで大きいのは、「借入金の連帯保証人からはずしてもらいたいから」ということでした。連帯保証すると、会社が倒産すると同時に個人的にも破産することになりますから、想像を超えるプレッシャーがあります。それが、上場することで、会社は公器となり、社長個人のものではなくなるため、晴れて連帯保証がはずれて、ひと安心することができるのです。

それでは、同族系の上場企業は、「公器」であるにもかかわらず、多くの会社が事実上「世襲」しているのはなぜでしょうか？

その理由は、たとえば社長の子どもであれば、古株の取締役も同意するので権力基盤を築きやすい（お世話になった社長のお子さんだから）ことや、従業員が支持しやすいこと（オヤジのお子さんのためなら、頑張ろう）があるからと考えられます。

マキャベリは新しい君主を念頭に君主論を書いていますが、その一方で、世襲君主制の安定性についても的確に把握していました。

「その君主の血統に服従してきた世襲的な領域を維持するのは、新しく獲得した領土を維持するよりも容易である。それというのも、それを維持するためには先祖伝来の秩序から逸脱しないようにし、もろもろの出来事に対して適切に対処するたけで充分であるからである」――マキャベリ『君主論』

つまり、大して頑張らなくても普通のリーダーでも、世襲権力は安泰、ということです。

しかしいくら世襲で社内は安泰でも、あまりに経営者が無能だと困ったことになります。血縁と実力は関係ないので、できれば外の広い世界から優秀な人材を連れてきて社長にするのが、会社の将来を考えると合理的です。

血縁と実力、つまり世襲の安定性と、本人の能力という二つをなんとか両立できないか？こうした二つの事情を両立させるために発明された必殺技が「娘婿に継がせる」です。

つまり、最高の人材をスカウトする代わりに、最高の人材を探し出してきて、娘と結婚させ婿入りさせて後継者とする、というものです。

自動車メーカーのスズキ株式会社鈴木修会長は、一九五八年にスズキの二代目社長の鈴木俊三の娘婿となり、社内の重要ポストを歴任したあと、一九七八年に社長に就任しています。

鈴木修社長の時代、スズキは世界有数の規模の自動車会社に成長し、インドでは四七％のシェアを持つなど、日本企業の枠を超えたグローバル企業に成長しました。娘婿による承継が最高にうまくいった事例です。

実はスズキ自動車の社長は代々、修氏本人を含めて婿養子の就任が慣例でした。いわば「必勝パターンを守ってきた」わけです。

しかし次期トップとして早くから修氏が心に決めていた娘婿が、不運にして五二歳で早世してしまったので、権力承継の計画は大きく狂い、二〇一五年、八五歳になるまで社長として頑張ることになりました。[xxvii]

実際、娘婿に継がせることは、現在では相当ハードルが高くなっています。優秀な人を探し出すだけでもたいへんなのに、その人を娘と結婚させるとなると、さらにいろいろな問題が出てきます。

そもそも独身者の中からしか未来の社長を選べない、ということになってしまうと、二〇代、三〇代から選ばないといけません。その年齢では経営者としての経験不足で、適性は未知数になります。

四〇代以上だと、業績はあっても他の心配（娘が結婚を嫌がるなど）も浮上します。

今や娘のほうも、自分自身のキャリアを持ちたいのが普通なので、親の会社の将来よりも、結婚相手くらいは自分で決めたい、という人が多いでしょう。

家（イエ）の論理より、個人の論理が大事になります。

つまり**時代の変化により、イエの比重が下がり、婿養子という必殺技はもう使えなくなってきている**のです。

大塚家具はどうすべきだったか？

娘婿という必殺技が使えず、会社の後継者選びが泥沼化したケースもあります。

お家騒動としてマスコミを騒がせた大塚家具の場合は、創業者の大塚勝久前社長の新聞チラシでの広告、顧客を会員制で囲い込み、店員の密着接客で少人数のお得意客から多くの売り上げを上げる、という独特の旧来路線と、ニトリやＩＫＥＡなど、現在の勝ち組のビジネスモデルに近づけようという娘の大塚久美子氏の経営戦略の違いを争点とする戦いでした。

結局、娘の久美子氏が勝ち、社長となりましたが、現時点では大塚家具の業績は低迷しており、ニトリ・ＩＫＥＡ化路線は失敗したと評価されています。

勝久前社長が立ち上げ、埼玉に大型店舗を出して話題となった匠大塚については、非公開企業なので業績はわかりませんが、彼が「ここに来ている半分以上が大塚家具のお客さまです」とインタビュー（週刊朝日）[xxviii]に答えているので、顧客基盤の一部を引き継いでいるのでしょう。

大塚家具の最大の資産は、長年囲い込んできた富裕層を中心とする顧客基盤でした。既存客は大塚家具での従来のショッピングのやり方（来店して時間を使い、多くの種類の実物を見て、店員から詳しい製品説明を受けたうえで、まとまった量の家具を購入する）が好きな人たちなので、ニトリ化しても全くうれしくありません。

その顧客基盤を活用すれば、そもそもニトリと競合する必要すらなかったはずなのに、結局、久美子社長は会員制を廃止し、ニトリやＩＫＥＡと競合することで、会社の最大資産である既存の顧客基盤を活用することに失敗したのです。


大塚家具の既存客の高齢化により、何もしなければ顧客数は徐々に縮小していくでしょうが、利益の面からは富裕層の囲い込みと縮小均衡は決して悪いことではありません。また、購読部数が激減している新聞への折り込みチラシを一部削減して別の方法にシフトすれば、これからも富裕層の継続的な新規開拓も可能でしょう。

戦略的にはおそらく父親の大塚勝久氏の路線のほうがリスクは少なかったでしょう。しかし、すでに高齢なので長男を前面に立てたわけですが、経営経験が不足していました。一方の久美子社長はキャリア志向の女性で独身なので、娘婿という必殺技も使えません。

つまり、戦略は不安だが優秀そうな長女ＶＳ確実な戦略だが経験不足の長男、という戦いとなり、株主にとっては悩ましい二択となりました。

「世襲の君主制は安定性が高い」という古今東西厳然たる法則があり、身内のメリットは大きいですが、そろそろ創業家と会社との関係についてきちんと考えるときでしょう。創業家にこだわらず能力重視で外部から登用することが検討されないといけませんし、創業者の「名誉」、「理念」と「利益」が守られることも必要です。

そのためには、大塚家具の場合、創業者の勝久氏は、どのようにすればよかったのでしょうか。

理想は、構想力（ビジョン）と権力行使力を併せ持つ、「良い独裁者」が出現することですが、そんな人は簡単には見つかりません。したがって、勝久社長は次のようにするのがベストでした。

1構想力（ビジョン）と権力行使力を併せ持つ、理想の後継者はどこにもいない、という悲しい事実を正確に認識する。

2自分が後世に残したい理念・ビジョンを整理する。

たとえば、わかりやすく以下のような三本柱として経営方針を表現するのがひとつの方法です。たとえば、
①富裕層への徹底した集中・第一級の商品の提供
②ニトリやＩＫＥＡとの競合回避と差別化の徹底
③成功した独自のビジネスモデルの熟成・進化（会員制、密着接客などの継続、新しい富裕層の開拓方法の開発）

3以上の自分のビジョンを完全に理解してくれ、効果的に組織を動かせるスキル＝権力行使力を持つ経験豊富なプロ経営者を社長候補として招聘し、説得する。


以上のような作業をあらかじめしておけば、「経験豊富なプロ経営者が、創業社長の理念を引き継ぎ、社業を発展させてくれる」という説得力あるストーリーが描けたはずで、どんな取締役会でも支持したでしょう。

自分が一生かけて実現したビジョンをさらに発展させることができ、財産も守れ、お家

騒動も避けることができたはずです。

こうしたことを、自分が高齢になり、周囲が不安になって、ゴタゴタを引き起こすようになる前から準備しておくことが大事になるでしょう。

狭い選択肢にこだわるとリスクは高い

権力の承継に工夫をせずに、漫然と世襲で権力承継すると、最悪の場合、保有する株式も紙くずになってしまい、創業家の名誉も利益も失ってしまいます。

エアバッグのタカタは創業家が株式の六〇%を握る大株主でした。二〇〇八年頃からインフレーターの爆発で死亡事故が発生するなどリコールが拡大、何年もの間、有効な手を打てずにホンダなどの顧客からも見放され、二〇一七年六月に経営破綻しました。負債総額はおよそ一・七兆円。製造業としては戦後最悪となる民事再生法の申請をしています。

品質問題の発覚から破たんまで長い時間があったにもかかわらず、世襲以外の選択肢をとらず、米国の公聴会にも社長が出席しない（トヨタは豊田社長自身が出席）など、対応が他人事のようだと批判されました。

創業家は、プロ経営者のメリットと世襲のメリットを天秤にかけて合理的な選択をすることが重要になってきています。

結局、硬直的な事業承継で最も損をするのは創業家です。高田家が三代で築き上げた、保有株式の時価総額は一時二〇〇〇億円を超えていましたが、それが消えてしまったわけで、世襲にこだわった代償としては極めて大きなものとなりました。

組織の外部に権力の源泉を持つ

整理すると、同族企業では、

・身内のほうが権力基盤を築くのが容易
・しかし身内だと選択肢が限られる
・かつての必殺技（娘婿）が使えなくなっている

という問題があります。

代替案を考えないといけません。組織内部で後継者を決められない場合は、組織の内部の利害を超越した**外部に正統性を求める**のが、論理的には正しい解になります。

世襲でない社長は、オヤジの威光にすがれず、もし取締役会が社内昇進者で占められていれば、たえず部下であるはずの彼らに配慮し続けなければなりません。社長の権力は強いようでいて、実は弱くなります。

では、どうするか？

前提を変えてみましょう。

別に取締役を社内登用しなくてもいいのではないでしょうか？　権力基盤を社外に置くことで、かなりの問題は解決します。

こう考えてみると、同族企業だから世襲でないといけない、ということはありません。権力基盤を社外に置けば、そもそも世襲のメリットはなくなり、外部から来た社長でも、次章で解説するような「コア支持層」を築きやすくすればよいのです。

企業がプロ経営者を奪い合う時代が来る

同族企業の権力承継で、プロ経営者を外部から招聘するニーズは、社長の高齢化とともに、今後ますます高まっていきます。

スズキや大塚家具、タカタといった大企業だけでなく、中堅・中小企業でも、二代目、三代目問題は、私の知る限り極めて深刻です。一部の企業は、権力承継ができないため廃業するしかないところまで追いつめられています。

よく聞くのが、息子を東京の大企業に修行に出したが、サラリーマンに慣れて、社長業に向かない人間になってしまった、という話です。中間管理職には何の権力もないので、権力行使スキルが身についていないから当然です。もし息子を修業に出すのであれば、ベンチャー企業で経営、営業、資金調達などをやらせたほうがよいでしょう。

後継者がいないなかで、社業を存続させるには、他社の社長に経営してもらう＝他社の傘下に入ることも一つの選択肢になります。ロールアップという手法ですが、たとえば建材問屋の越智産業が、同業の中小建材問屋を次々とM&Aで買収して上場企業となった事例などがそれにあたるでしょう。

独裁的な権力を持つトップは会社にとって最重要の資産です。貴重な資産である「経営者」の能力を複数の会社で共有し、生かしていくという工夫です。

これから、パワーリーダーである権力行使スキルを持つ経営者の活躍の場は広がります。**機械に置き換えることのできない社会脳と権力スキルを持つパワーリーダーの市場価値はどんどん上がっていくでしょう。**

権力承継に困っている企業と、プロ経営者とを繋ぐマーケットプレイスやプラットフォームも、いろいろな形で今後出てくる可能性があります。**「良い独裁者」を、企業が奪い合う時代**がもうすぐ来るのです。

ビジネスパーソンは、定年を前にそうした企業の後継者になることを考えてスキルを蓄積するのもひとつの方法ですし、あるいは、権力行使スキルを身につけたうえで、中堅・中小企業を買収してオーナーになるのも可能性として出てくると思います。

最良の人材を確保し、仕事に集中させ、エネルギーと才能を正しい方向に向けるのが権力行使の本質です。必要とされているのは、権力基盤を構築したうえで、目指すビジョンに向かって組織の末端までの社員の力を一〇〇％発揮させる力です。できるだけ組織における権力の核を強くし、経営者個人の力を存分に発揮する方法論が大事になります。

強い権力基盤を作る方法論について、次章で詳しく解説します。

第四章

権力構築の法則を使う

君主は民衆を味方にする必要があり、さもなければ逆境にあって施す術がない。

――マキャベリ『君主論』

強い権力を構築し、思い通りに組織を動かす

すでにおわかりのように、権力=悪ではありません。権力は、組織の力で何かを成し遂げたい人にとって必須の道具です。パワーリーダーにとっては、この「よく切れる」道具の生かし方を学び、使い方を間違わないようにすることが重要です。

この章では、権力者が権力を獲得して維持するメカニズムを解説します（より詳しく知りたい方は拙著『独裁力』（ディスカヴァー刊）をお読みください）。

権力というと、特別な才や野心、あるいは血縁のある人のものだと考えている人がいるかもしれませんが、そんなことはありません。権力は、工夫次第で、普通の人が誰でも握れるものです。

とはいえ、お天道様が公正に見ていて、ビジョンがある人に降ってくるものでもありません。**どんな権力も、自然にできあがるものではなく、本人が意図的に狙わないと獲得できません。**それなりの努力や工夫が大事です。

逆に言うと、**凡人でも努力すれば権力を握ることが可能**だということです。他の面では大した能力もないのに、権力欲だけが異常に強い人が権力者になっているケースが多々あるのはそのためです。

政治の世界でもビジネスでも、リーダーは実際には一人では何もできない存在です。組織を使って権力を行使しなければなりません。そのためには、確固とした支持基盤を構築し、権力を確かなものとして、自分の意思を組織の末端まで届かせることが必要になります。

権力のスキルは時代を超えて通用する

テクノロジーの知識と異なり、権力スキルは長持ちします。

権力のメカニズムは今も昔も不変です。二一世紀の現在も、何百年昔も、同じ方法が有効なのが権力の面白いところです。

どんな権力者でも安泰ではありません。権力がどれだけ盤石なものになるかは、権力者の創意工夫によります。古今東西、どの権力者も細かい工作を積み重ねています。

そうした工夫を、当事者として近くで見ていても、本当の意図はわからないことがあります。**一見些細な工夫が積み重なることで、気がついたら絶大な権力を握っていた、**ということが起こりえます。

これを、自分の取り巻きを作る、という陳腐な行動と解釈しては間違えます。パワーリーダーには、隠された権力上の意図を理解するだけのマキャベリ脳、権力についてのリテラシーが必要です。

徒党を組んでいるのでけしからん、**権力＝悪という次元にとまっていると、いつまでも権力を理解することはできません。**

二〇一二年六月に史上最年少の五五歳でパナソニックのトップの座についた津賀社長が就任直後に着手したのは、権力基盤の強化でした。

パナソニックのように多角化し社内官僚が肥大化した大企業では、社内の抵抗勢力は極めて大きなものであることが普通です。確固とした権力基盤を構築してはじめて、権力行使、すなわち、自分の考えるベストな戦略を独裁的パワーを行使して貫徹できることになります。

津賀社長がどのように権力基盤を強化したかを公開情報のレベルで読み解くと、主な仕掛けは以下の二つになります。

1七〇〇〇人いる本社から人を選抜し、経営企画、経理、財務・IR、人事、労政の五機能で一三〇人の少数精鋭部隊を新設し、ヘッドに五人のGMを任命した。

2事業部制を復活し、四つのカンパニーの下にある全事業を四九の事業部に再編した。

普通の人が解釈すると、間接部門は少数精鋭にして意思決定を早めたのだな、事業部制も製販技一体でオーナーシップのある決断がタイムリーにできるようにしたのだろう、ということになりますが、それは一面にすぎません。

権力リテラシーのあるパワーリーダーが解釈すると、次のようになります。

1により、かつて社長の人事権にも影響を及ぼす抵抗勢力になったこともある伝統ある経理部門、人事部門は、単なるサポート部門、事務処理部門に格下げされた。

2により、社長が直に四九の事業部長とつながることになる。四つのカンパニーは、屋上屋の中間管理職と化してしまうので、その影響力が削がれることになる。

つまり、従来、改革を阻み独立王国化していた本社間接部門やカンパニーの力を削ぎ、**社長自身の権力基盤を強化するのが狙いだった**のです。

伝統的な勢力の力を削ぎ、同時に自分のとりたてた人たち（五人のGMと四九人の事業部長）で新しい支持層を作り、そこに権力の基盤を移したということです。

津賀社長は最近（二〇一七年一月）のインタビューで以下のように話しています。

片山「もうひとつ私が驚いたのは、就任直後の一〇月に門真の本社機能を七〇〇〇人から一三〇人に大幅縮小されましたよね。門真に手をつけるなんて、パナソニックでは前代未聞でしょう」

津賀「以前の本社は、社員にとってステータスだったり、本社の人間は各事業部よりも上にいる意識があったかもしれません。でも今は本社が一三〇人になったからといって、本社がエラいとは、本社にいる人間も周りの人間も思っていないですよ」

（ビジネスジャーナル）[xxix]

津賀社長は、二〇一七年に発売されたテスラ「モデル3」用の電池を独占供給する契約を交わし、パナソニックは米ネバタ州の〝ギガファクトリー〟に総投資額二〇〇〇億円とも言われる巨額投資をしています。自らの工夫で築いた強力な権力基盤があるからこそ、思い切った決断・行動ができ、効果的な権力行使ができるのです。

独裁力の二つのステップ

反対意見やさまざまな思惑が渦巻くなかで、自分の望むように意思決定を行い実行するには、権力のメカニズムについて理解したうえで、細かい工夫を積み重ねることが必要です。ドライな視点で権力のセオリーを学習しなければなりません。

独裁的な権力を握る力には、二つのステップがあります。

ステップ1　権力基盤を構築する

いつ失脚してもおかしくないような不安定な状態では、権力の行使はできません。安定的な権力基盤を構築することが先決です。自分の権力を安定させるため、権力基盤を構築するのが、ステップ1です。

権力基盤を構築するためには、自分の**支持グループを次の三つのグループに分ける考え方**が役に立ちます。

1　コア支持層
2　コア予備軍
3　一般メンバー

国や企業、すべての組織の権力構造は、この三つのタイプの支持者の数によって決定づけられる、ということをメスキータとスミスという政治学者が唱えています。[xxx]

自分の権力を支える**コア支持層**とは誰と誰なのかを特定し、その人たちを完全にモニターし、コントロールすることができれば、権力基盤を安定させることが可能です。権力基盤が崩壊するときというのは、必ずこのコア支持層が不安定化したときです。

ステップ2　動員力を高める

権力基盤がいくら安定していても、組織の戦力をフル動員することができなければ、組織は勝つことはできません。

三つのグループの支持層のうち、支持がコア支持層からだけにとまっていれば、戦力の広範な動員は不可能です。三つのグループにそれぞれ広範な支持層を持つ必要がありま す。これを、広範な支持連合と言います。組織をフル動員するために広範な支持連合を形成するのが、ステップ2です。

次に、それぞれのステップについて、さらに詳しく見てみましょう。

ステップ1　権力基盤を構築する

①コア支持層（第一層）をどう作るか？

権力者が、インセンティブも含め、注意深く個人的にコントロールできる支持基盤のことを**コア支持層**と呼びます。

コア支持層を定義すると、「権力の獲得・維持・強化に本質的に重要な人たち――その人たちの支持がなければ権力を維持できないという必須の人たち、またその逆に、場合によってはリーダーに反対することで政権運営を難しくし、あるいはリーダーをクビにすることもできる権力を持つ人たち」です。

企業では取締役会が株主の利益を代弁するものとして位置づけられているので、**取締役会**が社長を解任することができます。また、幹部社員の一部も、離反すると施策が実行できず、権力も維持できないので、**幹部社員**もコア支持層になるでしょう。

コア支持層といっても、固定的なものではありません。彼らは基本的に自分たちへの報酬と、権力者への忠誠を天秤にかける人たちです。その組み合わせは時に応じて変化し、流動的なものとなります。

②コア予備軍（第二層）をどの程度集めるか？

権力の獲得・維持・強化に一定の影響力を持つ人たちで、インフルエンサーともいい、**コア支持層の予備軍**となる人たちです。

権力にある程度の影響力を持つものの、コア支持層のように直に権力者を解任できるような強力な権力を持つ人たちではありません。企業では大口株主や幹部社員ということになります。

予備軍の数を確保し、常にコア支持層へ圧力をかけ続けることは権力者にとって非常に重要で、あとで見るように、コア支持層の数は少なければ少ないほどよく、コア支持層予備軍の数は多ければ多いほどよいのです。

③一般メンバー（第三層）をどうするか？

単なるメンバー。組織の単なる構成員、匿名の誰でもいい人たちです。日本国なら選挙権のある一八歳以上の人に相当します。一応はリーダーを選ぶ権利のある人＝有権者なのですが、首相や大統領などを選ぶ際の一人一人の有権者の影響力は極めて小さいので、実際は権力に影響力を及ぼすことはできません。

株式会社でも株主総会に出席できる株主はすべて有権者ではありますが、実質的な影響力を持つのは大口の株主や機関投資家で、一般株主はほとんど経営に対する力はありません。一般の従業員も、会社の経営方針には何の発言権もありません。

権力は持っていないのですが、後述するように組織の戦闘力を決定づける、極めて大事なメンバーです。

三つの支持層から見る権力の法則

権力のパターンは、以上の三つのグループの数を分析することで、より明確に描くことができます。

日本企業では、出世し職位が上がると、第三層の平社員、単なるメンバーから、第二層、そして第一層である役員・取締役に、というふうに進化していきます。それとともに、権力との距離感が変わっていきます。権力の傍観者から、影響力を持つ人、そして順調に昇進すれば、最後には権力に影響力を持つコア・メンバーになる、というわけです。

権力の法則①　コア支持層の数をできるだけ小さくする

権力者にとっては、自分の直接のサポーターである、**コア支持層を常にコントロールすることが重要**です。対面で直にコミュニケーションし、それぞれの実力や行動を把握し続けるには、**コア支持層の数は少なければ少ないほどよい**ことになります。

コア支持層の構成員の数が小さければ小さいほど、権力を維持するために注意を払うべき人の数が減り、リーダーの仕事はやりやすくなります。人数が少なければそれぞれの行動を注意深く観察でき、貢献度に応じて十分な報酬も与えることができます。

企業においても、第一層の数が少ない社長のほうが、権力が強い傾向にあります。

社長のコア支持層であるはずの取締役が三〇人も四〇人もいるのが、昔ながらの日本企業です。役員が社員の出世の目標、論功行賞なので、役員ポストの価値がインフレしています。そうした会社では年功序列、従業員の内部昇進による集団指導体制が固まっており、社長は単に神輿に乗っているだけで、権力が小さいのが普通です。

一方、最近では、大企業でも取締役の数を極力減らし、かつ外部取締役の比率を高くする会社も出現しています。このほうが説得する相手も少なくてすみ、社内のしがらみを気にしなくていいので、社長の権力は強力になります。

権力の法則② 第一層を常に不安定な状態に置く

まずは第一層、コア支持層の構成員の数を少なくする。

次に、コア支持層以外の、**第二層の予備軍、インフルエンサーのグループの数を増やすことで、代わりはいくらでもいる、ということを明確にする**。[xxxi]

——これが権力基盤を強化するための基本セオリーです。

コア支持層の人数は少なくするだけでなく、**固定化させない**ことが、権力基盤を強化するために極めて重要なのです。

多くの権力者がいろいろなクリエイティブな方式を編み出しています。サイバーエージエントの役員交代制などはその一例です。

コア支持層に身分保障を与えてしまうと、特定の部門から情報が自分に入ってこないような、独立王国化するかもしれません。さらに、自分にとって代わるような、強力な競争相手が今のコア支持層の中から出てくるかもしれないわけです。

そうしたリスクを避けるのに、**コア支持層の身分を安定させない**方法は、権力者が最大限に頭を使わなくてはならないことのひとつです。

権力の法則③ 予備軍を増やし、代わりはいくらでもいるという状況を作り出す

コア支持層の次の第二層として、コア予備軍、もしくはインフルエンサーの層を厚くするということは、すなわち近い将来コア支持層になりうる、予備軍の人間の数をできるだけ多くするということです。

権力者にとっての最低の悪夢は、代えようにも代わりがいない重要ポストに、言うことを聞かない人間が居座り続けることです。

第二層を増やすことにより、コア支持層のメンバーに対して、「いくらでも替えがいる

ぞ」、ということを事実として示し、自分の権力基盤を飛躍的に強化することができます。

たとえば政治家は、大臣や市長や知事などの地方自治体の首長になったときに、部下の大事なポストに民間から人材を登用したりすることがあります。

これには、人材の登用のルートを官僚組織の中からだけではなく、外の人材プールも含めることにより、「代わりがいくらでもいる状態を作り出す」という権力上の意味があるのです。

どんな組織でも、組織を一歩出ると同様なスキルを持った優秀な人がひしめいていきます。役人にとっては、外部に代わりがいると大いに自分の権力が削がれるので、彼らが最も嫌うのは、「幹部ポストの公募」になります。

たまに外部から役所の重要ポストについた人がボロボロにたたかれるのは、外からの登用自体が役人の利益に反していることと、マスコミの取材源は役人であることによるので、批判は割り引いて考える必要があるでしょう。

権力の法則④　自分のコア支持層にはきちんと報いる

どうやってコア支持層のメンバーを選ぶのか。ひょっとしたら、自分の抱くビジョンに共感し、無私の心で支持してくれる奇特な人もいるかもしれません。しかし権力者にとっての問題は、権力に近寄ってくる人たちが、往々にして（または、ほとんどの場合）、下心を持ってあなたに近づいてくる、ということです。本当にあなたのビジョンやコンセプトに共感して近づいてきたのかどうか、心の中のことなので最後までわかりません。

自分を支持してもらう代価として、報酬として何を与えるのか、ということが、彼らの支持の強さや持続性をはかるために最重要です。

権力を握ると多くの人が寄ってきます。しかし、ただ喜んでいると失敗します。**どんな味方も報酬を与え続けないと離反する**、という冷徹な認識が必要です。

やりがいの共有だけではいわゆる「やりがい搾取」となって長続きしません。自分の権力を支持してくれる代価として、誰にどのような報酬を与えるかを設計する、情に流されず、頭を使い計算を働かせる必要があるということです。

自分をとりまく多様な勢力の、個々人のインセンティブを注意深く設計する一連の細かい工夫により、自分に敵対する勢力の力を削ぎ、同時に自分の味方を増やしていく。このプロセスが重要なのです。

組織の権力メカニズムを読み解く

企業の場合、この三つの支持基盤のグループが誰に相当するのか、整理すると、

1　コア支持層　―　取締役（プラス一部の幹部社員）
2　コア予備軍　―　大株主、機関投資家、幹部社員
3　一般メンバー　―　一般株主、平社員

となります。

米国企業のＣＥＯにとってはコア支持層イコール取締役であり、その数はせいぜい一〇人から一五人程度です。このため、**強い権力基盤を持ちやすいメカニズム**を備えている、と言えます。

日本の大企業は、取締役は株主代表ではなく従業員代表となっている場合が多いので、

既述のように取締役の数が多いうえ、〇〇部門出身という色がついているのが特色です。

自分の部門の利害には極めて敏感である一方、他の取締役が代表する部門については、自分は素人だから……と静観の構えをとり、余計な口を出そうとしません。他部門のことで余計なことを話すと、次は自分の部門について口を出されてしまうから、基本、「だんまり」が美徳となります。

こうなると、会社全体のことを議論するというよりは、各部門の代表者たちが、とにかく自部門に対して不利なことにならないよう、経営を見張る場、悪い場合は各部門間のネゴの場、足の引っ張り合い、ということになります。

後述しますが、日本企業で社長になってもなかなか強いリーダーシップを発揮できないのは、こういう**群雄割拠の封建領主のようなコア支持層に取り囲まれている、権力基盤の弱さ**がひとつの理由です。

あなたが社長であれば、スムーズに仕事をするためにはできるだけ自分に忠誠度の高い人間で周囲を固め、トラブルメーカーはできるだけ排除したいでしょう。

そのためにはつまり、**コア支持層を自分でコントロールできることが社長の権力基盤にとって極めて重要**なのです。

創業者でない限り、社長の座は前任者から引き継ぐわけで、前任者の支持メンバーがそっくりそのまま居残っています。彼らは自分が選んだわけではないので、場合によっては難しい政権運営を強いられるわけです。

米国企業の取締役会は少人数と言いましたが、その中身は、CEOを除くとたいてい、

1会社の上級管理職の一部（インサイダー）
2社長の友人や親せき（シニアな経験豊かな人が選ばれることが多いので、グレイ（白髪）メンバーと呼ばれます）
3弁護士や他企業の経営者などまったくの第三者（アウトサイダー）

の三つのブロックから構成されています。

取締役会の最も重要な役割のひとつは、**株主価値を最大化するCEOを探してきて任命し、うまくいかなければCEOを解任する**ことです。

せっかく任命した社長に実力をフルに発揮してもらわないと困るので、新社長に**フリー**

ハンドを与え、存分に手腕を発揮させることに主な関心があります。

米国企業の取締役会は、強力なリーダーが活躍して株主価値を引き上げてくれることを理想とし、**「良い独裁者」をいつも探しているわけです。**

そして、こうした「良い独裁者」の資格のある社長経験者、シニアマネジメントで強力な実績のある人材は希少なので、必然的に年俸が高騰することになります。

年俸が高い代わり、選ばれた人にはスピード感とダイナミックさが要求されます。たとえば、M&Aは、スピードを重視してダイナミックにしないと情報がリークされてつぶされたり、時機を逸して株価が変わってしまったりで、うまくいきません。いちいち社内の意見集約をしているとタイミングを逸します。

外部取締役が中心なので、いちいち細かいところで口を出さない代わりに、結果責任を問うスタイルです。

その反面、業績が思ったように上がらない場合には、株主の利益を守るという観点から、取締役会が社長をクビにする、ということになります。

誰にも注目されずに権力基盤を強化する方法

良い独裁者の条件は、構想力＋権力行使力ですが、瀕死のＩＢＭのＣＥＯに招聘され、見事に変身・復活させたルー・ガースナーは、権力行使に突出した能力のある人でした。コンピューターには素人の彼は、構想（戦略）のほうでは、「ＩＢＭの頭脳」と言われた社内の知恵者の戦略をそのまま採用していますが、権力行使の面では本物の天才でした。彼が行ったさまざまな改革の中で、最も注目されることなく、かつ最も効果があったのは取締役会の改革です[xxxii]。

就任当時、ＩＢＭの取締役は一八人でしたが、そのうち四人は社内の人間でした。ガースナーは粘り強く内密に議論を重ねた結果、取締役全員がいったん辞表を提出し、取締役委員会が今後の取締役会の適切な組織を決めるという案をまとめさせました。

その結果、九人が取締役を退き、古株の有力者二人も、社内の退職規定で定められた年齢よりも一年早く退任しています。

一年後には、**取締役の数は一二人に減り、社内の人間はガースナー一人だけ**になりました。もとの一八人のメンバーのうち、残ったのは八人だけで、四人を外から新しく迎え入れています（ＭＩＴ学長、エマーソン・エレクトリック会長、フォードの会長兼ＣＥＯなど）。

その年、ＩＢＭはカルパース（カルフォルニアの年金基金。運用する資金規模が大きく、投資先に大きな影響力を持つ）から企業統治で最高点を取っていますが、この改革は投資家目線でよいだけではありません　権力スキルのある人には、ガースナーの行動が権力のロジックに沿ったもので、理にかなったものであることがわかります。

これまで述べた権力の法則とは次の４つでした。

法則１：コア支持層の数を小さくする
法則２：コア支持層のメンバーを常に不安定の状況に置く
法則３：コア支持層のメンバーには代わりがいくらでもいる状況を作り出す
法則４：コア支持層には報酬を与える

それぞれに沿ってガースナーの行動をもう一度見てみると、まず、取締役会が「コア支持層」になりますが、法則1の通り、取締役の数を減らしました。一八人を一二人まで減らしています。

次に、法則2の通り、取締役を不安定な状況に置くため、メンバーを入れ替えます。しかし、取締役を入れ替えるのはいくらCEOでも簡単にはできません。綿密な交渉を積み重ね、自分ではなく取締役会の中の委員会のひとつである取締役委員会のほうから、いったん全員辞表を提出させるところまで持っていったのがポイントです。

そして、法則3の通り、自分以外の全員を社外役員として、代わりはいくらでもいるという状況を作り出すことに成功します。

ここで重要なのは、あくまで取締役会の自主的な自己改革という基本を崩さず、IBMの大義を重視したことです。古参役員を追い出すとか、自分好みの取締役会にしたいという意思は封印したことでした。

法則4のコア支持層への報酬については、たとえば新たに招聘したフォードの会長にとっては、IBMの取締役報酬は一〇〇〇万円でも二〇〇〇万円でもあまり意味がありません。それよりも、アメリカのナショナル・ブランドであるIBMの社外役員としてIBM

の復活に貢献するほうが名誉です。ＩＢＭの社外役員になりたい名士は、世の中にはいくらでもいるので、名誉を望む人に適切な報酬を与えたことになります。

要するに、ガースナーは全く目立つことなく、

法則１＝取締役の数を減らし、
法則２＝取締役の地位を不安定化し、
法則３＝替えがいくらでもいる状況を作り出し、
法則４＝最適な報酬を与える。

と、すべてを実践したのです。

封建領主の存在が権力を弱体化させる

権力者の言うことを聞かない独立王国が社内に存在し、封建領主化している会社もあります。そうなると、誰が社長になっても効果的な権力行使は難しく、「良い独裁」は成立しません。

川崎重工では、二〇一三年、三井造船との経営統合を進めていた社長が役員のクーデターで解任されました。報道によると、造船部門以外からの反対が原因と見られています。このクーデターは、コア支持層であるはずの取締役が、同時にそれぞれ自分の領地を持つ封建領主的な存在だったことから生じた可能性があります。

川重のように多角化した会社では、各事業部がそれぞれ自分の領地（＝予算やポスト）を増やそうと躍起になっています。自分の領地が縮小となれば、工場は閉鎖、管理職ポスト、子会社のポストの数の減少等々、自分の人生設計にダイレクトに関わってくる一大事です。会社全体とか悠長なことを心配している余裕はありません。

このように、トップがひとつの部門を突出して強化しようとすることは、それ以外の部門の反発を招くことになります。

クーデターは、自分の最も身近な部下、支持基盤の中の**コア支持層の利益を、それとは意識せずに侵害してしまう**ことに対する反発が背景にあることが多いのです。

部下だからといっていつも服従してくれるとは限りません。常に自分の味方にすべく、自分を支持してくれるようにする必要があります。長年のつき合いがあるから、気心の知れた部下だから言うことを聞くはず、と安心は決してできないのです。

封建領主から権力を取り上げる方法

強い権力を作るには、権力基盤を社外に持つことが有効です。

社外にボスがいる社長のほうが対内的に強力な指導力を発揮できることになります。

権力基盤を社内に依存している場合、**別の利害を有するボスが社内にいる状態**となり、ドラスティックな改革をする前の社内コンセンサス作りが最重要となり、それにエネルギーをとられてしまいます。

自分の担当部門の利益を第一に考える封建領主のような人がポストに居座っていると、権力基盤に不安をかかえたままになります。

このため、**取締役会から特定の部門の利害を代弁する封建領主を排除する**ことが最上の手段となります。

優れた例がＤＯＷＡになります。取締役会の改革で強い権力核を作ることができました。

ＤＯＷＡは、二〇〇六年に持株会社ＤＯＷＡホールディングスを作り、五つのカンパニーをその下に置いています。

事業部門に権限を委譲し、責任を明確化することが目的でしたが、実はもうひとつ、権力のセオリーの面で重要な狙いがあったと思われます。

取締役会は、従来の二〇人上限から一五人、さらに一三人上限に減らされ、任期が二年から一年に短縮されました。二〇〇七年のＤＯＷＡの有価証券報告書によると、取締役の数は七人にまで減らされています。その後ＤＯＷＡは監査等委員会設置会社に移行

（二〇一六）し、取締役の人数は変わらず七名です[xxxiii]（定款上の員数：13名）。社長、会長、社外取締役の三人を除く役員は四人となり、それぞれコーポレートスタッフ出身、技術、人事などの自分の担当事業分野を直接には持っていない人たちばかりになりました。

つまり、**自分の固有の領地はなく、実質は社外取締役と同じく全社の立場で考える人ばかり**なのです。

ホールディングスの人員は四〇人にすぎず、取締役会での議論をサポートする部隊しか置いていないということでしょう。

こうなると、持ち株会社制の導入と言いつつ、その狙いは限りなく社外役員の割合を多くした委員会設置会社だったと言えます。

吉川社長がどれだけ役員の独立封建領主化を防ぎたかったか、役員室・秘書室の個室をなくし、物理的な壁を解体して大部屋にしたことにも表れています[xxxiv]。

この例では、三つの手段が重要だとわかります。吉川社長は、

1　取締役の数を減らし
2　社内の封建領主の権力を削ぎ
3　社内に特定の利害を持たない支持基盤を構築した

ことにより、強力な権力の行使を可能にしたのです。

社外取締役の価値は社外であること
それ自体にある

社外取締役については大きな誤解があります。経団連の一番大きな勘違いは、社外取締役の要件を「個々人の資質や倫理観」と見ているところです。「資質や倫理観」が要件では、社内にも有能で真面目ないい人がたくさんいるから社外から呼ぶ必要なし、という当たり前の結論になってしまいます。

社外取締役の最大の要件は、社外であることです。言い換えると、**社内で自分の利害を持っていないこと**、が最も重要な要件です。

社外取締役の機能として、不祥事防止などの監督機能を最大のものとして位置づけるのは間違いです。監督機能だけなら監査役がいれば同等の効果が期待できます。

社外取締役の最大の機能は、社長の社外での権力基盤になることです。

そのためには、社長を選任し、解任できる取締役でなくてはならないので、監査役だと意味がないのです。

リーダーの権力基盤を社外に確保することにより、社内での権力行使を容易にする、という役割を果たすには、**「社外」かつ「取締役」でなければできない**のです。

ステップ2　動員力を高める

権力のメカニズムの五番目の法則は、次のようなものです。

権力の法則⑤　大きな「支持連合」を作れ

コア支持層が小さく、しかもいつも身分が不安定であることが望ましいのは、これにより、権力基盤が安定するからです。しかし、外部との戦争では、権力基盤があるだけでは勝てません。もうひとつの要素、動員力が必要になります。

国と国の戦争では、国力全体、国の努力の総量が重要になり、動員力が勝負になるため、いくら国内の権力が安泰でも勝てません。企業も同じであり、ひと握りの**コア支持層の支持だけでは勝てない**のです。

権力基盤と広範な支持とを両立させる

コア支持層を小さくし、それを絶えず不安定化すること、報酬をコア支持層に分配することが権力基盤を安泰にする方法です。

しかし、それだけでは権力者が「浮いて」しまいます。

ひと握りの人たちだけで権力を支えていると、権力者は安泰です。しかし、第三層である一般市民や一般社員も含めて**幅広い支持層を形成しなければ、結局、動員力が欠如してしまいます**。

コア支持層が一般の構成員から完全に浮いている状態、たとえば貴族制、身分制のような身分が固定化した状態では、組織としてのパワーはフルに発揮できず、**結局、対外戦争には勝てなくなります**。

広範囲の構成員からの支持を獲得しなければ、外界との抗争には勝てません。専制、あるいは非民主的な性格のある体制は、強そうに見えて実は戦争に弱いのはこのためです。

企業でも同じことが言え、エリートはエリートで固定され、一般社員に全く昇進の見込みがないような企業では、結局は従業員の意欲を引き出すことができないのです。

ここに権力のメカニズムの最大のジレンマがあります。

つまり、自分の権力基盤を強化するにはコア支持層のメンバーの数を絞り、少数のメンバーに利益を配分し、自分のコントロール下に置いたほうがいい。しかし、組織の戦闘力を高めるには幅広い支持、構成員の意欲や参加意識が必要、ということです。

強いリーダーとは、**この二つの相反する要求を同時にクリアでき、確固とした権力基盤で大胆な戦略を実行し、人材の持つ才能とエネルギーを末端までフル活用できる人**です。

エステーの鈴木崇前社長は、『遠交近攻』を基本方針としています。

「遠きと交わり、近きを攻める。兵法三十六計の一つだ。攻めるというと語弊があるが、側近たる役員とは距離を置き、一般社員と親しくするという意味で使っている」ということで、その理由は、「役員に怖れられれば、組織は自然と締まる。だから、一般社員とは親しく付き合えばいい」とのことです。[xxxv]

優れたマキャベリ脳を持つ人は、側近には怖れられる一方、一般社員とは親しく交わり、支持を得るようにしています。この二つを両立させることが、支持基盤を固めると同時に支持連合を大きくする権力スキルなのです。

マキャベリも鈴木社長と全く同じことを次のように書いています。

「民衆の数は多く、それを敵に回す君主は安泰ではないが、これに対して、貴族の数は少なく、貴族を敵としても安全である」（『君主論』）

パワーリーダーの権力行使の要諦は、権力基盤を確固としたものにしつつ、社員の才能とエネルギーを、望ましい方向に向けて一〇〇％発揮させることにあるのです。

第五章

悪い独裁者を排除する

主君が複数いても、なにもよいことはない。
頭でも王でも、たった一人が望ましい。
——ホメロスの作中のオデッセウスの言葉

この章では、間違った権力者を退場させる方法を検討しましょう。人間のやることですから、人選を間違えることもあります。権力が自己目的化した場合や、採用した戦略が間違っている経営者の場合も、退場してもらわないといけません。また、良い独裁者であっても、年月を経ると悪い独裁者になってしまうこともあります。

ダメな企業トップを無理やり退陣させる方法も、国家での場合と同じく、三つに分けることができます。戦争（競争相手が会社を滅ぼす）、クーデター（部下が解任する）、民主的な方法（主権者である株主が取締役会を通じて合法的に解任する）の三つです。

そのうち、ここでは主に、民主的な方法について解説します。

重要なのは、**権力者を決める前に、合法的・民主的な解任のルールをあらかじめ決めておく**ことです。権力者は自分で自分の首を絞めるようなルールを作ることはまずないので、前任者の時代に決めないといけません。

会社自体の消滅や内紛（クーデターによる泥仕合）を避けるためにも、いずれも十分な議論を経て、あらかじめ決めておくべき重要なルールになります。

1　カネで解決する

①経営者の報酬を上げる

税金を少なくするため毎年の報酬を低く抑える代わりに退職金を大きくし、在籍年数が増えれば増えるほど退職金を増やす、という方式はよい方法ではありません。できるだけ長いことやらないと充分稼げない、長くやればやるだけ得、ということになるからです。

社長にはリスクもありますし、激務なので家族の負担も大きくなります。むしろ在籍中の報酬を思い切って上げて、二年や三年で辞めてもそれなりに稼げるようにする。そしてその**高い報酬に見合う働きをシビアに要求していく**のが王道です。

報酬をケチり会社に付帯する役得を増やすのも、長くやりたいインセンティブとなるのでリスクが高い方法です。運転者つき社用車、社費での豪華接待などが多いと、辞めたくなくなります。報酬をはずみ、役得を減らすのが正しい方向です。

ところで、サラリーマン社長の報酬が少ないと、住まい、食事、服、世界観、歴史観、趣味、遊び、交友範囲などで海外の経営者と話が通じなくなります。また、どうしても日本人同士だけで固まるようになりがちで、これが今の経団連の風景となっています。

トランプ大統領はビジネスマン時代の著書で「日本人はいつも大勢でおしかけてくる」と書いていますが[xxxvi]、要は一人で話を決めることができ、経営者同士、一対一の対決ができる社長がいないからです。

自分のおカネがないと、提携先の社長を家に呼んで家族ぐるみの付き合いをすることもできませんし、相手の豪邸でビビらないで対等に話をすることもできません。

企業のトップはそれなりの報酬を払っても十分ペイする重要な資産です。報酬をケチると、弊害のほうが大きくなります。

②報酬を業績連動にする

報酬は、できれば株の形での報酬を増やしたほうがよいでしょう。よく「株価を気にした短期的な経営になる」というふうに勘違いする向きがありますが、**株価は将来の成長期待を反映**していますので、長期的な成長ポテンシャルが高いと株価は高くなります。

利益のほとんどないベンチャー企業の株価が時として非常に高くなり、反対に、長期のビジョンの描けないGEの株価が下がるのはそうした理由からです。

報酬を株価と連動させることで、将来性も含めた長期的な会社のパフォーマンスを上げようとする強いドライブがかかるはずです。

株主となれば、自分よりも優秀な経営者に代えれば株価が上がり、自分も得するのではないか？　と本人も自問自答することになります。早期に退陣したほうが金銭的に得をすることになりますので、長く居座ろうというインセンティブはなくなります。

③引退に十分なメリットをはずむ

ドンになり裏権力を行使しそうなトップ経営者には、働きに見合った充分な退職パッケージを与えることで、完全引退にともなう不満を最小限にすることができます。

ジャック・ウェルチのような巨額のパッケージでなくとも、一定程度まとまった金額を手切れ金として用意するべきだと思います。

2 取締役が義務を果たすようにする

①会社に自分独自の利害を持つ取締役の数を減らす

自分独自の利害を社内に持つ人は、権力者にとって本当の権力基盤にはなりません。それどころか、思わぬ抵抗勢力となってパフォーマンスを上げるのを邪魔するリスクもあります。

社外からの経営人材の登用に一番否定的なのも社内登用の取締役です。次は自分の番、と考えていたはずが、外から来た、どこの馬の骨ともわからない奴にポストをとられるなんて耐えられない、ということです。

生え抜き取締役を減らすことが、最適の社長・CEOを幅広い人材プールから選ぶためには必要です。

②役目を果たせる取締役を選ぶ

取締役の最大の役割は会社の本来の実力を発揮させ、パフォーマンスを最大限に上げることのできる後継社長を選ぶこと、そして、不幸にして社長選びに失敗した場合、解任することです。

社長選びが取締役会の最大の機能なのです。

このため、取締役の目が節穴、もしくは経営を知らない素人だとどうしようもありません。日本企業ではよく、大学教授、弁護士、公認会計士などが社外取締役になることが多いのですが、彼らの多くは会社経営の経験がないので社長選びには役に立ちません。

また、社内の生え抜き取締役も、客観的な目で社長候補者を見ることができません。よほどの切羽詰まった状況でもない限り、「自分にとって都合のいい人」を選ぶ傾向があります。大ナタをふるう社長、大胆にM&Aをして会社を根本的に変貌させてしまう人などは、まず選ばれないと思っていいでしょう。

社長選任というこの最重要の役目を果たすには、経験豊富な経営者がベストです。

なお、経験豊富というのは、業界の知識があるという意味ではありません。会社経営の経験が豊富、という意味です。高齢の経営者にとっては、おそらく、自分の会社にいつまでもしがみつくより、他の会社の経営を社外から手助けするほうが、ベターなキャリアの選択になると思います。

自分の会社だけが会社ではありません。会社というのは公器なので、自分の経験を最大限に生かせる社会貢献ということになります。

③取締役の本来の役割を徹底的に教え込む

取締役は、会社の持ち主である株主のために経営者を取り締まるのが役目です。取締役会の役割は、株主のために経営者を選び、業績に見合う報酬を与え、業績を上げなければクビにすることです。

取締役とはそうした厳しい仕事なので、役目をちゃんと教育し続けないといけません。

そのためには、地味ですが、取締役研修や検定の制度などが有効でしょう。研修も単に法律や規制を読ませるだけでなく、社長解任のケーススタディや敵対的買収を受けた際のロールプレイをするなどといったことが重要になると思います。

④取締役の報酬を業績連動にする

取締役の報酬も、できれば株の形がよいでしょう。そうするとパフォーマンスを上げる経営者を選任する、ダメな経営者をクビにする強いドライブがかかるはずです。ダメ社長を早くクビにしないと自分の財産が消えるリスクがありますから。

ステープルスというアメリカの有名なオフィスサプライ販売の会社がＰＥ（プライベート・エクイティ）ファンドに買収されました（二〇一七年九月）。ステープルスは売上高二兆円の大企業でしたが、アメリカではオンラインの小売りが伸びる一方で、店舗の小売りがどんどん縮小しています。

ステープルスも同業のOffice Depoを買収して小売店舗を統合しようとしましたが、公正取引委員会によって市場独占と判断されて阻まれてしまったので、売却は将来の成長戦略を再考するなかでの決断のようです。これからは好調なＢｔｏＢのオフィスサプライ配達ビジネスをメインとする会社になると言われています。

このステープルスという会社は、取締役報酬を株式メインにすることに先鞭をつけたことで有名でした。当初、二〇〇〇年代の前半には五年間で二〇万ドル相当の株式を取得することを義務づけていましたが、二〇一六年のアニュアルレポートでは、一人当たり七万五〇〇〇ドルの現金報酬と、一七万五〇〇〇ドルの株式での報酬となっています。

このように株式での報酬をメインにすると、取締役は株主としての立場で、PEファンド等からの買収提案の得失を考慮して会社売却の決断を下すことになります。ステープルスのケースでも、PEによる買収と非上場化が最も会社の価値を高めると判断した、ということになるでしょう。

これが株式を持っていない、現金報酬に頼る取締役会であれば、PEに会社が買われると自分がクビになるかもしれないので、買収に反対するインセンティブが働くことになります。

3　資本市場の力でダメ経営者を解任する

①敵対的買収のポジティブな価値を認識する

経営者の同意を得ないで会社を株主から買収することを敵対的買収と言います。敵対的買収といっても別にケンカするわけではありません。要は外部の力でダメ経営者をクビにするメカニズムです。

イメージだけで嫌わずに活用しましょう。積極的に使っていくことで怠慢な経営者を追い出せるので顧客や従業員にとってもプラスになる可能性があります。

「わけのわからない奴らに任せるのはなんとなく不安」、ということだけで反対するのは必ずしも得策ではありません。

乗っ取り屋として悪名高いカール・アイカーンも、サボる経営者を追い出すポジティブな役割が充分評価されています。有名なのは、アメリカの製薬会社ImCloneの例です。

二〇〇六年にカール・アイカーンが本腰を入れるまで、この会社はボロボロでした。開発に力を入れたワクチンがFDAの許可を取り消されることになり、それを事前に知った経営陣や関係者がFDAの正式アナウンスの前に株を売却した、という典型的なインサイダー・トレーディング事件です。

結局、二人が監獄行きとなりますが、なんとFDAの発表前日に持株をすべて売却するなど、やることが露骨でした。数年後、問題のワクチンがようやく認可されましたが、開発の失敗でパテントの権利は他社のものとなっていました。

このようなボロボロの状態なのでImCloneの株価は振るわず、ここでアイカーンの出番となったというわけです。[xxxvii]

アイカーンは適切なＣＥＯを見つけることができないでいたImClone社を攻撃、取締役一二人中六人の交代を要求して株主からの委任状争奪戦を仕掛けます。

それに勝ち、部下二人とともに取締役になったアイカーンは当時の会長を解任します。ところが裏で別の取締役会が行われ、その会長が再選される、という経営陣の無能さを象徴するような無茶苦茶な展開となり、一時期マスコミネタとなりましたが、最終的にはアイカーンが取締役会会長となり、約束通り新しいＣＥＯを選びました。

メディアやアナリストは、短期間にこのボロボロの会社を浮上させるのは無理、アイカーンもついに沈没する船に投資して墓穴を掘った、と評価していましたが、一八か月後には、組織を刷新することに成功し、ImCloneの株価の上昇率は五〇％を超えて、充分投資の元をとりました。

無能なトップを自力で追い出すこともできない、自浄能力のない状態にある会社は、アイカーンのような強欲な人間に、仕事をしない経営者を無理やり解任してもらうことです。乗っ取り屋も広い目で見るとポジティブな役割を担っているのです。

単純に、カネの亡者だから嫌い、という感情論ではなく、悪をもって悪を制す、どちらの悪のほうがベターなのか、という考え方をとる必要があります。

「額に汗をして働かない奴は悪い奴」という日本社会の偏狭で独善的な価値観が、村上ファンドなどへの厳しい対応につながった可能性があるように思います。同じような古き良き価値観はアメリカにもあり、アイカーンのような人間は皆に嫌われていますが、広い意味での経済社会における波及効果を考えて、ポジティブな側面を評価しているのです。


規制当局は、内外の証券取引法についての専門的な知識をもっと増やし、無能な経営者をチェックする外部投資家のポジティブな役割について、もう少し理解を深めてほしいと思います。

本当に悪い奴は誰なのか？　誤った戦略で従業員の才能とエネルギーを無駄使いし、安月給に押し込めたままにする経営者や、会社の資産にあぐらをかき、努力をしないで居座る経営者ではないでしょうか？

②敵対的買収時の取締役の役割を教育する

外部から敵対的買収をかけられると、その瞬間から、取締役会の役割はいかに会社を高い値段で売るか、ということになります。

対案もないのに、ひたすらいろいろな理屈をつけて自己保身を図る経営者の肩を持つことは、取締役の義務を放棄していることになります。このことを取締役たちに徹底的に教え込む必要があります。

③お助けマンにならない

日本で敵対的買収の際によくあるのが、経営者が第三のお助けマンにすがり、対抗馬として高値で株式を買ってもらい、敵対的買収に対して防衛するという手です。

たとえば、北越製紙が王子製紙にＴＯＢ（株式公開買い付け）を仕掛けられた際、明確なシナジーを持ち、ＴＯＢ開始前の株価より三五％もの高値を付けた王子製紙を断るロジックなどないだろうと市場は考えましたが、どこからともなくお助けマンが現れて、結局現状維持となりました。

他社の現状維持を助けるのに自分の会社のカネを使うのは、投資効果が疑わしいだけでなく、広い意味で敵対的買収を難しくし、資本市場による権力の監視機能＝ディシプリンを効かなくさせる可能性があります。

④ゴールデンパラシュートを許す

ゴールデンパラシュートとは、敵対的M&Aに対抗する防衛策のひとつです。敵対的買収を仕掛けられた場合に、企業が経営者に高額な退職金を支払う契約をしておくことをいいます。

本来は企業価値を下げて買収を抑止する防衛策なので望ましくないですが、日本の場合、経営者が最後まで自分の地位を守るために買収に抵抗することが多いので、一定のゴールデンパラシュートを許したほうが逆に敵対的買収をスムーズにするはずです。

ちなみに、第二章のロス・ジョンソンは敵対的買収者に負けましたが、退任の際に五八〇〇万ドルのゴールデンパラシュートをもらっていたと言われています。

従業員の報酬を上げる買収防衛策をティンパラシュート（ブリキのパラシュート）と呼びますが、給与はいったん上げると下げにくいので、これは相当難易度が高くなります。

4 社長を任期制にする

ペースメーカー等の医療機器を製造するMedtronicのウィリアム・ジョージCEOは、自分で自分の任期をあらかじめ決めていた社長として有名になりました。

CEOに就任するときに、一〇年後には何があっても辞めると公言し、かつ、約束通り、会社の業績が絶好調のときに辞任したことで有名になったのです。

ジョージCEOの一〇年の任期の間に、Medtronic 社は開発期間の短縮、製品多角化、新技術の取得、開発投資の加速（任期中に研究開発投資は一〇倍に増加）などを行い、売上げは七・五億ドルから六〇億ドルへと、八倍の会社規模になりました。

ちなみにその後も順調に成長し、現在（二〇一七年）の同社は約三〇ビリオンドル（一〇〇円＝一ドルとして約三兆円）の売上げの会社となっています。

ジョージは、二〇〇二年の六〇歳でCEOを退任するときにこう言っています。「私には、引退する計画は全くありません。次の何か新しいことをやり、人生の新しいチャプターに移行するつもりです[xxxviii]」。

退任後、とりあえず地元ミネアポリスへの地域貢献と、ジョージ・ファミリー財団を作り、生涯教育と子どもの発達に貢献する活動を開始しました。

さて、面白いのはこれからです。地域貢献をしつつ、経営の本を書き（「Authentic Leadership」（本物のリーダーシップ、邦訳なし 2003）、なんとハーバード・ビジネス・スクールの教授になりました。アメリカの大学は定年がないので、後期高齢者の現在（二〇一七年）でもまだ教えています。

ちなみに"Authentic Leadership"は非常に良い本ですが、奇をてらったところのない、古き良きアメリカの実業界の常識を書いているので、翻訳されなかったのかもしれません。たとえばジョージ氏はその本で、（アメリカの通念とは違い）株主は三番目に大事、と言っています（一番は顧客、二番は社員です）。

この人のように経営の経験・実績があり、かつディシプリン（自己規律）のある元経営者は世の中が放っておきません。ノバルティスなどの社外取締役を歴任し、現在はエクソン・モービル、ゴールドマンサックス、メイヨークリニックという錚々たる組織の社外取締役を務めています。

ヤマト運輸の前小倉昌夫社長も自分で決めた社長定年の第一号となり、一九八七年（昭和六二年）に六二歳で退きました。

一〇年以上も同じことをやると、どんなエキサイティングな仕事でもマンネリ化します。個人の成長、という意味では同じことをやり続けるのは本人にとって物足りなくなることがあります。人生は一回きりなのですから、才能のある経営者が、二毛作三毛作で、どんどん自分の活躍の場を広げることができる社会になってほしいと思います。

第六章 今日からパワー（権力）リーダーのスキルを実践する

君主がその大臣の是非を識別するに際して、決して誤らない方法がある。
彼が君主のことよりも自己のことを考え、すべての行動において自らの利益を追求しているのが明らかな場合、彼は決して良い大臣にならないし、信用することはできない。

――マキャベリ『君主論』

何度も言いますが、企業は民主主義ではなく、独裁制を採用しています。普通のビジネスパーソンは、独裁国家である企業で、どうサバイブしていくべきでしょうか？より具体的にイメージしてもらうために、演習問題を用意しました。あとで解答を書いていますが、まずはご自分で考えてみてください。

ケーススタディ――大手電機　田中太平

田中太平は、大手電機の営業部門で課長をしている。ご多分にもれずラインの仕事以外にもいろいろなプロジェクトが複数流れ、多忙を極めている。

しかし最近は「大手流働き方改革」の一環で週末の業務メールを自粛するようになったので、週末はメールを完全シャットアウトし気分転換することに決めている。この三連休も家族と長野で遊んできたところだ。

さて連休明けの火曜日に青山の本社ビルに到着し、一階のスタバで買ったトールラテを飲みながら田中がパソコンを起動すると、いつもの通り三〇件くらいの未読メールがたまっている。ほとんどCCで入っているだけのアリバイ作りのゴミメールばかりなのでチラ見だけして即座にどんどんゴミ箱に入れていき、残ったメールだけ改めてきちんと目を通す。この辺は手慣れたものである。

その中で一件、非常に気になるメールがあった。今日朝七時頃出されたメールで、「至急」と件名にあるうえ、「Oプロジェクト」の件で椙山常務のところに今日の一〇時に来てほしい、とある。秘書室からだ。

Oプロジェクト？　田中は自分が関係しそうなプロジェクト名はだいたい把握しているつもりだが、Oプロジェクトとは聞いたこともない。

田中は最近社内の噂にはすっかりうとくなってしまっていた。禁煙したので、喫煙所で貴重な情報を得る機会がなくなったのだ。

禁煙せずアイコスに変えたほうがよかったか？　などと考えを巡らしつつ、常務に会う前に情報収集しようと周りを見回すが、みな連休明けの打ち合わせなどで忙しく、誰も聞けそうな人がいない。

いつもは事情通の大竹という女子社員に頼るのだが、今朝大竹からは「子どもが急な発熱で、医者に連れていくので午後出社します。すみませんが一一時に○社の○さんがいらっしゃるので代わりにお相手してください。すみません(^^)」というメールがあったので大竹に聞くことはできない。

田中はどちらかというと黙々と自分の仕事をこなすタイプで、社内政治にはもともと関心はない。近くには隣の課の課長で、同期の山本しかいない。彼なら知っているだろうが、口が軽いのであとがたいへんだ。

田中は事前の情報収集はあきらめ、ひと仕事片付けてから最上階から二番目の階にある役員室に向かった（最近まで役員フロアは最上階だったが、今は働き方改革の一環で最上階は社員食堂になっている）。

前時代的なフカフカの絨毯が敷いてあり、空調の音だけがかすかに聞こえる静かなフロアだ。一角には簡易な椅子を並べたスペースがあり、七～八人の社員がたっぷり資料を詰め込んだファイルを手に、緊張した面持ちで順番を待っている。

田中は椙山常務の部屋に入ったが、常務は自分の机に座ったまま、書類から目を上げることもしない。部屋に入る前は、いい話かもしれないという淡い期待もあったが、どうやらいいニュースではなさそうだ。のどがカラカラに乾いてきた。

しばらくすると突然椙山常務が書類から目を上げ、切り出した。

「田中君、実は君に大きなチャンスがあるんだけど」

どうやら思い過ごしだったたか。ひょっとしてこれでおれもエリートに仲間入り？　田中は自分でも驚くほど明るい声で返事していた。

「は、はい！」

「大きなチャンスだよ。Oプロジェクトだが、何十億もつぎ込んだうえに一年遅れている。実は加藤君がこれまで難しいなか、たいへん素晴らしい仕事をしてくれているし、社長もそう言っているのだが、急に別の仕事を任せる必要が出てきた。Oプロジェクトは大手電機にとっては最重要の案件で、君が最適任だと思う。君にとっても大いにプラスになるはずだ。ぜひ、お願いしたいと思っているが、どうかな？」

Oプロジェクトについて何も知らないので一方的に話を聞くだけだったが、そこまで聞いたところで、「すまんがこれから外に出るので、木曜日にもう一度話そう」との常務の言葉で、たったの三分で、面談は終了となった。

自席に帰ると、早速同期の山本にOプロジェクトについて聞いてみた。この際やむを得ない。山本は笑いながら言った。

「OプロジェクトとはXプロジェクトのことだよ。先週名前が変わったのを知らないの？」

Xプロジェクトなら知っている。非常に重要な大型案件だ。それを聞いて田中はとりあえず安心した。心配していた左遷ではなさそうだ。

「そうか、それなら重要な話だな。そういえば今まで加藤がよくやってくれたと常務が言っていたけど」

田中が言うと、山本は憐れむような顔で、「加藤が社長の甥なのを知らないのか？」と言ったので、田中の心は一気に沈んだ。

午後には事情通の大竹が出社してくる。彼女のルートでいろいろ確認したほうがいいだろうか……。


さて、演習問題です。

ケース演習1

Oプロジェクトの責任者になる件について、何らかの返答を相山常務に行わなければならない。木曜日までの数日で、田中は何をするべきか?

選択肢

1 どうやら案件の筋が悪そうなので、なんとか断る方向で理由を探す
2 常務に言われた以上やるしかないので、受け入れ、常務との面談ではできるだけ前向きな態度で仕事を引き受けることにする
3 二日間でプロジェクトの内容について調べ、いくつかの代替案を用意して常務との面談に臨む
4 二日間でプロジェクトを取り巻く状況について調べ、常務との面談に臨む

さて、あなたはどれを選びましたか?
その結果で、とりあえず以下のように診断できます。

1　ドロップアウト予備軍

断れば面倒なことに巻き込まれないですむかもしれません。しかし、チャンスを逃すことになるかもしれません。面白い仕事ほど、面倒な側面があるものです。断ることで、二度と同じような面倒な案件は回ってこなくなるでしょう。それでは将来のチャンスも棒に振ることになります。

一般に人事を断るのは非常にリスクが高いので、必要であれば辞めるくらいの覚悟が必要です。あまり調べもせず断る人は、**ドロップアウト予備軍**になります。

2　社畜予備軍

とにかく今は言われたことは素直に取り組むことで、将来、自由に発言し、やりたいこともできるようになる。だから今はガマンだ。こういう考え方だと、その「将来」はいつまでたっても来ず、ガマンの今がいつまでも続くことになります。典型的な**社畜予備軍**といっていいでしょう。

3　スーパー担当者

プロジェクトのことを合理的に調べ、選択肢を用意するのには論理力、分析力が必要です。対象市場のことを調べ、競合を調べ、自社のOプロジェクトの強み弱みを把握する。そのうえでテコ入れ策を何通りか立案し、それぞれに要する時間や資源を簡単に評価し、売却や撤退など、その他の選択肢の検討も必要となります。

これは複雑な仕事で高度なスキルを要しますが、それができるだけでは参謀役、**スーパー担当者**で終わってしまいます。このケースでは、すでにいくつかの選択肢は相当程度検討されたあとかもしれません。本当のリーダーにはそれ以上のものが求められるのです。

4　パワーリーダー候補生

プロジェクトの合理的な側面を分析的・論理的に評価するだけでなく、以下のことを念頭に置いて多様な情報を集め、選択肢の幅を広げ、自由度を拡大することのできるのが**未来のパワーリーダー**です。

①問題案件を誰かに任せ、失敗をその人のせいにすることはときどきある。その際、将来のエリートに傷はつけられない等の不透明な理由で、真犯人の代わりに新任が「いけにえ」にされることがある。

↓

▼失敗を前提での「いけにえ」なのか、本当に立て直しを期待されているのか？
▼だとすると、わざわざプロジェクトの名前を変更した理由は何か？
▼プロジェクトの実際はどうなっているのか？
▼立て直しの可能性は実際あるのか？
▼立て直し以外どのようなオプションがあるのか（閉鎖・売却など）？

②みなが嫌がってやらないような仕事を誰かに押しつけるときには、「君の成長のため」「大きなチャンス」という言い回しが使われることが多い。

↓

▼なぜ自分が選ばれたのか？
▼最低限、結果として何をゲットできるか（問題案件をくさらず、しっかり取り組んだという評判など）？
▼自分以外に他の誰を検討して、なぜ断念したのか？
▼引き受けるとして、成功の基準は何か？
▼プロジェクトの立て直しに使える時間はいつまでか？
▼このプロジェクトのあとの自分はどうなりそうか？

③表ではプロジェクトの立て直しを全力でサポートする、と言いながら、裏で別のシナリオ（不採算事業の閉鎖・売却など）の検討が同時に進行している場合もある。

↓

▼社内のステークホルダーは誰か？
▼誰が支援してくれ、誰が足を引っ張りそうか？
▼プロジェクトの成功を祈っている人間は誰か？
▼失敗したほうが得をする、あるいは有利になる人は誰か？
▼プロジェクトを立て直すとすれば、誰の意見を変えることが重要か？

実際にどのような形で自由度を拡大するかについてはこの章の後半に述べます。

さて、結局Oプロジェクトを引き受けることになった田中ですが、いざ着任するにあたり、どのようにキックオフを乗り切るかが目下の関心事です。

何事もはじめが肝心ですので、ミスは許されません。

ケース演習 2

田中はOプロジェクトに着任初日、何をすべきか？
すでに全員を集めてのキックオフ会議の日時がセットされている。
そこで、これまで準備し、シニアマネジメントとも話し合ったトップダウンの方針を開陳し、一連の指示を出すべきか？
田中は新しいリーダーとして初日に何をすべきか？

これも、解答は後ろのほうにあります。

さて、Oプロジェクトに着任後、田中は、早々と、一か月後に部下の人事評価であるMBOミーティングの時期を迎えることになりました。

部下が一〇人ほどいるわけですが、たった一か月ではそれぞれの部下についてあまり情報は得られないでしょう。田中としては、自分の経験ではMBO（目標管理）ミーティングを契機に上司に対する信頼を失い、デモチ（モチベーションを低下させる）する人間が多かったので、最初のMBOの機会をなんとか生かしたいのですが……。

ケース演習3

着任後すぐに、年度末のＭＢＯミーティングの時期になってしまった。田中はＭＢＯミーティングにどう対応すべきか？

田中太平が直面したような事態は毎日のようにどの組織でも起こっています。

こうした際に、能動的に自由度高く動けるか、受動的に渦に飲み込まれてしまうか、を分けるのが社会的な能力です。

八つの基本原則

これから将来のパワーリーダーとなる人が、現実の中でどうサバイブしていくか、そのスキルの中でも特に重要な八つの基本原則を解説します。演習問題の解答も同時に行います。八つの基本原則とは、次のようなものです。

基本原則1　自分をとりまく権力環境を把握せよ

基本原則2　中間管理職には何の権力もない

基本原則3　企業には言論の自由は存在しない

基本原則4　手段としての議論（ディベート）を活用せよ

基本原則5　人事部は従業員から会社を守るためにある

基本原則6　正規の人事考課に頼るな

基本原則7　ビッグイシューを矮小化するな

基本原則8　本物の戦いでは中立は最悪の選択肢

基本原則1
自分をとりまく権力環境を把握せよ

自分のボスは誰なのか、ということになります。必ずしも直属の上司だけではありません。何かを組織の中で積極的に仕掛けようと思ったときに必要となるキーパーソンのことを指します。演習問題を題材にして解説しましょう。

演習問題の解答

ケース演習 1

Oプロジェクトの責任者になる件について、何らかの返答を椙山常務に行わなければならない。木曜日までの数日で、田中は何を調べるべきか？

田中は早急に、

・重要なステークホルダーは誰か？
・誰が支援してくれ、誰が足を引っ張りそうか？
・プロジェクトの成功を祈っている人間は誰か？
・失敗したほうが得をする、あるいは有利になる人は誰か？

といったことを把握する必要があります。

その際、プロジェクトの生死に関わる影響力を持っている有力者をリストアップし、それぞれ評価してみるのが有効です。

1　本件で重要なキープレイヤーは誰か？

田中が社内各所にヒアリングして調べてみると、社長は、五人からなるOプロジェクト推進委員会に検討させ、そこでの議論の結果を基本的には重視して、最終の意思決定をする方針だということがわかった。

2　それぞれの持つ権力・影響力の度合いはどうか？

社長がこの五人のうち、誰の意見を重視するか、ということが大事になる。

田中は、社内のヒアリングにより、影響力の高い人と低い人を順位づけることができた。

プロジェクトに対するスタンスはどうか？

現在、どの程度権力・影響力を行使しているか？

現在プロジェクトの廃止を唱えている人間と、存続・テコ入れを唱えている人は誰か？を探り出した（過去の委員会の議事録を椙山常務の秘書から入手した）。

これによると、社長への影響力の高いA専務がプロジェクトを廃止しようとしているが、椙山常務はなんとか再生しようと考えていることがわかった。

また、キーパーソンの中で意見がまだはっきりしていない人がいることもわかった。

3　スタンスが説得して変わる可能性のあるのは誰か？

ステークホルダーのスタンスが、その人自身の利害と関連している場合は、意見を変えさせるのはたいへんだ。しかし、分析的な理由（競争相手に勝てない等）であれば、その見方を客観的なファクトや分析によって変えることが可能だ。

田中は、賛成派、反対派それぞれの論拠・背景について調べてみることにした。

反対派のA専務は、もともとのスタート時点から同じ意見で、これからも変えそうもないことがわかった。しかし、残りの三人は、どちらかと言うと反対、もしくは中立だが、特に利害はないので、意見を変える可能性があることがわかった。

4　それぞれのキーパーソン間の関係

この五人のお互いの関係性、誰が誰を信用している、信用していない、好き、嫌い等の関係についても、事情通から教えてもらうことにした。

一番中立であるC執行役員が、同じく意見を変える可能性のあるB常務、D執行役員と信頼関係があることがわかった。三人は大分工場に同時期勤務した経験があり、そのときの人間関係が今も生きているらしい。

田中は以上を把握し、次のページのような表を作りました。影響力の多いステークホルダーから順番に並べています。[xxxix]

そして、これらを調べたあと、次のように判断しました。

1. キープレイヤーの名前	2. 権力・影響力の強さ	3. 影響力の行使の度合い	4. 立場の変化の可能性	5. 今ある関係
A専務	8	−9	×	
B常務	7	−5	△	Cと近い
椙山常務	6	+9	×	A、Bとは遠い Dと近い
C執行役員	5	−3	○	B、Dと近い
D執行役員	4	0	△	

まず、椙山常務は、このプロジェクトをなんとか成功させようと願っています。したがって、田中が椙山常務に選ばれたのは、実力を買われたからです。光栄な話であり、ポジティブに受け止めるべきです。

自分は社長の甥の身代わりの「いけにえ」としてではなく、本当に成果を上げることを期待されているのですから、できれば引き受けたほうがよいでしょう。

引き受けた場合、椙山常務の希望通りOプロジェクトを立て直せるかどうか、ファクトを分析しないといけません。至急計画の進捗状況を調べ、自分なりの立て直しの可否判断をする必要があります。

立て直し一辺倒ではなく、早期の撤退・売却についてもオプションに入れておくべきで、それについてははじめから椙山常務に言っておいたほうがいいでしょう。

A専務は社長に対する影響力も大きく、どこまでも反対し、なんとか撤退に持ち込もうとするでしょう。要注意です。

おそらく、B常務、C執行役員、D執行役員のスタンスが重要です。

当面、最も影響力は少ないが、最年少のD執行役員を味方にし、B常務、C執行役員を巻き込んでいくのがよさそうです。

というわけで、木曜日の椙山常務とのミーティングでは特に資料などの準備はいりません。以上のような自分の判断について話すことができれば、あなたがパワーリーダーの一人として、将来の社長候補・スーパー有望株として認識されることは間違いありません。

このようにせいぜい二、三日あれば必要な情報は収集できます。

マキャベリ脳のあるパワーリーダーは、実際に表を作らなくとも、キーパーソンに関する見立てを一瞬で、頭の中だけで行えますが、普通の人は、前記のように一度表を作ることをお勧めします。

基本原則2 中間管理職には何の権力もない

中間管理職であるマネージャークラスの人が自前の権力を持っていると勘違いするところから、多くの問題が発生しています。

本人には意思決定する権利がないにもかかわらず、情報を滞留させる、意思決定できないので不安になり、ムダに会社内の総意を作ろうとして他部門を関係させる、そのことで、関係者が多くなり、意思決定のスピードがますます遅延、というより、意思決定自体が難しくなります。

これらはすべて、中間管理職＝マネージャーが「自分がリーダーなので意思決定しないと！」と、**できないことをやろうとした結果**です。

パワーリーダーとは、中間管理職には何の権力もないことを知っている人です。まず、マネージャーの役割自体を正しくとらえましょう。

マネージャーはチームの上に乗っかっている存在ではなく、チームの活動を下から底支えする土台にあたるものです。

もしあなたがマネージャーで、部下より偉く、ある種の権力を握っていると勘違いしている場合は、すでに中間管理職としては失敗しているでしょう。

部下を育てることやモティベートすることも無理でしょう。場合によっては、みながやる気を失い、一部分は反旗をひるがえしているかもしれません。

あなたが部下を「管理」しようとすることで、ヒエラルキーの中で自分を上に位置づけることになってしまいます。誰しも、自分を「下」に思わないのが人間です。

これまで見てきたように、本来、組織には独裁者が一人いるだけで、中間管理職であるマネージャーには何の権力もありません。

昇進し、長という名のつくポストをもらい、給料が上がるのは、うれしいことです。それによって人より上に行ったと勘違いする人もいます。しかし、長のポストについたからといってあなたが他の人より偉いことにはなりません。

マネージャーは権力を行使する人ではなく、周りの人々が最高のポテンシャルを発揮す

るように支えるのを仕事とする人です。

部下はあなたのために働いているのではなく、あなたが部下のために働いているのです。

マネージャーになることで、部下の成功や部下の生産性や自分の部門の価値、そしていくばくかは会社全体の価値に対して責任を持つ、ということです。

あなたは部下を管理するためにではなく、部下を支援するために働くのです。

権力者ではなく、チーム全員の可能性を最大限に引き出すコーチ役に徹しないといけません。

部下にスターがいれば、そのスターがその貢献にふさわしい正当な扱いがなされるようにしないといけない。できない問題児がいれば、なんとか本来持っている可能性を最大限発揮できるようにしないといけない。

マネージャーになるということはそういうことです。

部下の成果を盗んで部下のやる気を下げたり、社内の情報の流れをブロックしたりと、害毒を流す中間管理職もいます。

あなたがこれから管理職になるのであれば、今までの間違った中間管理職のやり方をコピーするのではなく、自分のスタイルを築くようにしてください。

身近にそのためのロールモデルがいなければ、セミナーを受講する、コーチングについて学ぶなど、今まで知らなかったスキルを学ぶ必要があります。そして、それだけの投資の価値はあります。

というのは、日本企業はどこでも、付加価値のない中間管理職があふれている一方で、チームのパフォーマンスを上げるため、みなの土台になって働き、みなをリスペクトすることのできるマネージャーは不足している、そして、必要とされているからです。

演習問題の解答

ケース演習 2

田中はOプロジェクトに着任することになった。初日に何をすべきか? すでに全員を集めての会議がセットされている。そこでトップダウンの方針を示すべきか? 田中は新しいリーダーとして初日に何をすべきか?

あるプロジェクトや部門を任されたとき、初日からはりきってみなに指示を与える、ということをやろうとすると、見事に失敗するのが普通です。なぜなら、中間管理職は本当の権力者ではないからです。誰もそんな中途半端な権力者を必要としていません。

逆に、みなのために何か役に立つつもりで、新しい役割に入りましょう。初日には、話すのではなく、関係者の話を聞いてください。新しいボスの話を聞き、関連する部門のキーパーソンの話を聞き、あなたの部下・チームメンバーのそれぞれの話をじっくりと聞きましょう。

そのうえで、**「みなの仕事が今までよりうまくいくようにするには、自分は何をするべきか?」**を考えるのです。

中間管理職は権力者ではありません。みなの役に立つことに徹することで、部下の信頼も得られるし、尊敬もされ、結局は成果を上げることができるはずです。

基本原則3
企業には言論の自由は存在しない

民主主義の国では何を発言するのも自由です。しかし**企業の中では言論の自由はありません。**日本国は言論の自由は保障されていますし、日常生活ではツイッターで言いたい放題言えるので、会社の中でも同じだという勘違いをする人がときどきいますが、何度も言うように、会社は民主主義ではなく、独裁制です。

会社は、ダイレクトに意見を言うな、ということは決して言いませんが、その辺は長年のやり方を持っています。会社批判、労働環境の不満、会社の慣行の批判を繰り返す人が、知らぬ間に別の理由で異動になっている、というのはよくある話です。

会社が社員の意見にどうしてこんなにセンシティブかというと、独裁者は常に潜在的な反乱に対して不安を持っているからです。会社は常に従業員の反乱に目を光らせているのです。

会社をおおっぴらに批判することで、あなたは会社の成功にとって、リスク要因の一つになります。ネガティブな意見は伝染しやすいからです。

ここで簡単な二つの鉄則があります。

鉄則1

決して公の場で会社を批判しないこと。公の場では、会社の方針、会社の理念、戦略、人事、すべてを一〇〇%サポートするということを表明しないといけません。

鉄則2

何かを変えてほしいときは、会社のためのポジティブな提案という形にして、しかも直属の上司に一対一で伝えること。

たとえば部下をいびるのが趣味の上司がいて、チーム全体がモラルダウンして全体の業績も上がらないとします。その場合、直接その上司に「みなが困っているので生産性が落ちる。いびらないでほしい」ということを伝える直接対決方式はやめたほうがよいでしょう。上司はあなたを脅威に思って警戒するようになるだけで、改善にはつながらないと思います。

もっと上の人や人事に告げ口する、という手がありますが、そうすると上司とは対決モードとなり、長期的に恨みを買う恐れもあり、良いことはありません。やむを得ず、そうするときは、会社の外に代替案（つまり転職先のあて）を確保してからにしましょう。

代わりに、いかに上司の（数少ない）建設的なアドバイスがみなの役に立ったか、それによりチームの成績が上がったかを伝えることで、そちらに誘導することを目指しましょう。

あくまでポジティブに、が基本です。そうすることであなたは会社にとっての脅威ではなくなり、会社にとって貴重な資産になります。

企業サイドから見ると、できれば一〇〇％会社に忠誠心のある社員にしか投資（いいポストにつける、昇進させる）したくないのです。というのも企業側も早期退職やリストラ等、処遇面で社員の要求を一〇〇％飲めることは決してないので、内心は後ろめたいところがあり、常に不安を抱えているからです。

従業員の忠誠心について、実は信用していないのです。

鉄則3　忠誠心がある社員には、会社は投資する。

ほとんどの会社員は、第一に自分のこと（どんな仕事をしたい・したくない、予算・部下がもっとほしい、休暇がほしい、ボーナスがほしい等）を考えています。

そして会社が自分の希望を充分わかって、よろしく取り計らってくれることを期待します。しかし、**従業員のことを会社が忖度してくれる、そんな会社はありません。**

順序が逆です。つまり、まず、自分のことより、第一に会社のことを考える。すると、会社はそういう貴重な人には投資してもよい、と考えるようになります。

会社には会社の悩みがあります。会社の抱える問題から距離を置き、自分のことだけを考える社員より、会社の悩みを自分のことのように真剣に考えてくれる社員には、充分な投資をしても見返りがあると考えるのは当然でしょう。

会社の問題の一部ではなく、解決案の一部になる人が貴重な人材です。

自分に投資してもらいたければ、まず、貴重な人になりましょう。

基本原則4
手段としての議論（ディベート）を活用せよ

「議論しろ？　言論の自由がないのにどうやって？」というのが普通の反応でしょう。

外資系、特にアメリカ企業では権力は絶対なので、日本企業のように面従腹背はありえません（即クビになるので）。リーダーの決めたこと、会社の方針は一〇〇％支持し、その実現のために働くのが正しい「フォロワーシップ」です。

しかし、その一方、意見を求められている局面で黙っていると、完全にアホと思われてしまいます。

ここが難しいところですが、**会社には言論の自由はありませんが、ポジティブな意見は許されるし、ポジティブな意見は表に出さないといけない**のです。

これはある意味当然のことで、企業のミッションは業績を上げることなので、それを目的とする前向きな議論であれば、どんな意見も大切なのです。

それではポジティブな意見とは何でしょうか？

ポジティブな意見とは、会社の問題を自分のことのように真剣に考えた意見、ということです。言い換えると、**自分の都合よりも会社の都合を優先する、**ということです。

たとえば顧客が競合にとられているとします。自分には関係ない誰か他人の問題と見て傍観者になるか、自分自身の問題と見るかです。自分自身の問題と見る人のことを、「オーナーシップのある人」と言います。

自分自身の問題であれば、〇〇部門が協力をしてくれない、製品がおかしい等々、社内に摩擦を起こしても、解決すべき点を議論するでしょう。他人との摩擦を起こし、敵を作ってしまうかもしれません。それがいやで黙っている人は、自分の都合を会社のそれよりも優先したことになります。所詮は真剣に仕事をしていないことになるのです。

それぞれの経験や分析から会社にとっての最善解は何かについてアイデアを出し合ったり建設的に批判したり、議論（ディベート）することが、会社にとって必要な手段なのです。

最適解を導き出すための手段としてのディベートなので、議論の結果、自分の意見と違う方向に決まっても、それに従うことは大前提です。いつまでも議論に負けた不満を引きずり、サボタージュするというのは論外、アウトです。

鉄則4 議論（ディベート）は権力者が方針を決断するための材料を提供するもの。勝ち負けには意味がない。

第一章のタイプ分けで、あなたはどのタイプでしたか？　左下のシニカルタイプに近い人は、何度か意見を言って議論したけれど、受け入れられなかった、という原体験によってそうなっている場合があります。

ディベートはあくまでリーダーが最適解を決断するための手段なので、決断の材料を提供するのが目的です。勝ち負けを気にするのは間違っています。

パワーリーダーになるために必要なのは、真剣にディベートし、**負けてもくさらずに、**自分の意見を積極的に表に出していくことです。

本気で自分でやりたいことがあり、どう考えても会社ではそれができない、となったときは、自分で意思決定できるベンチャー企業を作るしかありません。

いわゆる「終わっている」会社であれば、会社を飛び出して自分でやったほうが逆に成功の確率は高いかもしれません。

基本原則5
人事部は従業員から会社を守るためにある

独裁国家にはKGBやゲシュタポのような治安を担当する秘密警察がありますが、企業で言うと人事部がそれにあたります。

ええ！　と驚かれるかもしれませんが、**人事部の最大の役割は、会社から従業員を守ることではなく、従業員から会社を守ることにあります。**

最近のHRTechを見ると、テクノロジーにより極端なプライバシーに対する監視が技術上は可能になっています。海外では、スマホの監視アプリのインストールを強制され、自分の位置や通話、メール、SNS、スケジュール等をすべて会社に開示させるようにしているところもあります。こうなるとゲシュタポを通り越し、SF映画のディストピア・監視社会です。

実際は、人事部は人材育成も担当することが多く、秘密警察の役割と従業員を育てる役割の両方という二面性をもつことから、わかりにくくなっています。

なので、人事部は取扱注意なのです。

人事部を信用して、自分の仕事上の細かい課題について話したり、会社について本当にどう思っているかなどで本音をさらけ出したり、上司の文句を言ったりすることは基本的にNGです。

このご時世、まさかそんなことはないでしょ？　という人は、Uberの女性のことを思い出してください。上司からセクハラを受けて人事部に報告したところ、脅かされて結局、自分が会社を辞めることになりました。さらに、自分より前にも多くの女性が同じ上司から同じ目にあっていたことがわかったのです。その後、全米各地で過去のセクハラ被害者が声を上げるMe Tooキャンペーンが始まり、多くの人が長年泣き寝入りしてきた実態がわかりました。

人事部はこの両面を持っているので、人材育成プログラムでも、誰も本音を言わなくなることもあり、この弊害に気がついた一部の会社では、人材育成やトレーニングを担当する部門を人事部と分離し、子会社化または外部にアウトソースすることで対応しています。

弁護士や医者に相談しても守秘義務があるので大丈夫ですが、企業の人事部にはそのようなものはありません。たとえば相談相手の人事部の担当者は非常に親身に相談に乗ってくれたりしますが、安心して仕事や人間関係の悩みを相談したりしてしまうと、いくらその担当者個人は良い人であっても、記録は社内に残ります。そして、会社にとって潜在的なリスクがある場合、そのデータは昇進や異動、リストラの際の貴重な判断材料となるのです。

ここでの鉄則は、

鉄則5　人事部は要注意

ということにつきます。

人事部を相談相手にせず、上司や同僚、友人を相談相手にしましょう。セクハラ・パワハラでどうしても人事部と直にやらざるを得ないときは、弁護士と相談して会社と対決する覚悟をもってやるか、ある程度転職について目途をつけてからにしましょう。

基本原則6
正規の人事考課に頼るな

二〇年前、ＭＢＯ（目標管理制度）が導入され、今や多くの日本企業がＭＢＯをベースとした人事評価を行っています。しかし日本企業のＭＢＯは、本来の制度の趣旨から離れてノルマ管理のツールに堕《だ》しているのが実態です。

もともと、アメリカで発達したＭＢＯは人事評価のためのツールではありません。部下と上司がコミュニケーションを取りながら、部下のやりたいことと会社の方向性とを近づけて目標設定を行い、その達成を支援し、最後に達成度の評価を行うことで、目標を達成し成果を高めていくための仕組みです。

そのように、部下とのコミュニケーションツールであり、マネジメントのための手法のはずが、日本では人事評価ツールに化け、組織の目標をブレークダウンしただけの個人目標を押しつけられるノルマ管理ツールとなっているのです（ダイヤモンド・オンライン《ⅹ》）。

なぜこうなったのでしょうか？

人事部が人事評価のために導入するとどうなるか、考えてみればわかります。
繰り返しますが、**人事部は従業員から会社を守るためにある**ので、できるだけ客観性を持たせて従業員からの不満・反論を許さない形にしないといけません。

あなたは9ランク評価で上から数えて4番目のCです、と言われて、うれしい人はいません。人事評価は昇進や給料にも反映されるため、重大な不満のもとにもなります。

会社を守るためには、できるだけ客観性を持たせるため、定性評価ではなく定量目標を重視し、「六〇%達成なのであなたはC、はいおしまい」と**機械的に評価したほうが従業員は反論しにくいので、会社は安全**なのです。

ひどい場合には、面談の際も目標の何%達成したのか、といった数字だけを見て評価するので、五分の面接で結果だけ伝えて終了、といった具合です。

これでは部下はモチベーションを維持できません。ボスも尊敬されずに、チームとしてのパフォーマンスも落ちる、という悪循環に陥ってしまうでしょう。

より納得感のある評価を行うことは非常に大事で、達成度だけでなく、そこに至るプロセスも見なければならないし、本人の成長や努力といったものも重要な要素です。[xiii]

そのために上司と部下のコミュニケーションが非常に大事になりますが、会社の人事評価制度はすぐには変わらないので、自分なりに工夫するしかありません。

鉄則6 部下の評価を上げようと努力する上司は尊敬される

マネージャーは部下におごったり冗談を言ったりして部下におもねり好かれる必要は全くありません。モチベーションを上げるため最も有効なのは、人事部から部下ができるだけ良い評価を得られるよう、部下の業績を上げるのを支援し、部下の成長を助けることに徹することです。

つまり尊敬されるのは、**会社から部下を守る**上司です。

鉄則7 正規の人事評価でのサプライズは最悪

そのためには、正規の人事評価の場ではないコミュニケーションを増やし、常日頃から仕事の目標をどうやったら達成できるのか、定量目標だけではなく定性的にはどうしたいのか、努力について認めてあげ、いっしょに悩む必要があります。その過程で、努力してほしい方向、足りない部分もきちんと伝え続けることが大事です。

それとは逆に、いつもは仲良く、冗談を言い合ったりして仕事をしている上司が、普段話もしたことのないような人事のマイナス要素をサプライズ的にＭＢＯの場で持ち出したりして悪い評価をつけたりすると、もうモチベーションはボロボロになります。

常日頃からプラス面、マイナス面も含めてきちんとコミュニケーションをとっておき、正規のＭＢＯではサプライズがないのが理想です。

演習問題への解答

ケース演習３

着任後すぐに、年度末のＭＢＯミーティングの時期になってしまった。田中はＭＢＯミーティングにどう対応すべきか？

着任直後なので前任者による評価をそのまま伝えることになるでしょうが、その場を生かして次のノルマ目標は設定しないほうがよいでしょう。また一方通行のノルマ設定になるだけで前任者の轍《てつ》を踏むことになるからです。

正式な評価の場でのサプライズを避けるためにも、正規の人事評価とは別に、一対一で話し合う場をひんぱんに作り、じっくりと仕事で目指す方向、成長したい方向、達成したいこと、そのために何が足りないか、何をしないといけないか等、**部下の人事評価を上げるにはどうすればいいか、話し合う**のがベストです。

基本原則7
ビッグイシューを矮小化するな

組織の運命を決めるような大きな意思決定には、政治抗争、権力闘争や混乱は避けて通れません。しかし混乱を避けようとするあまり、簡単にあきらめてしまう人が多いのも事実です。

「ウチは日本の会社だから」「ウチは長年こうしているから」というふうに、組織文化が口実に使われることもあります。

実は組織文化などというようなたいそうなものではなく、単に居心地のよいサイロを作っていて、お互いにそれを侵害したくない、摩擦を起こさず暮らしたいだけなのかもしれませんので注意が必要です。

鉄則8 目先の混乱・摩擦を避けるな

ちょっとした社内の摩擦や混乱をおおごとに考え、それを避けるために小手先の対応を繰り返すと、全体が地盤沈下していきます。

エルピーダメモリは、もともとは日立とＮＥＣのＤＲＡＭ事業を統合した合弁企業です。設立された当時は、それぞれの部署で半々の人員構成、課長、部長から社長に至るまで、あらゆる職位が二重になりました。課長が日立なら副課長がＮＥＣ、その場合は部長がＮＲＣで副部長が日立、ということで完全に「たすき掛け」になったのです。

言うまでもないことですが、ポストが均等配分されているということと、組織として正しい戦略的な意思決定ができることには、何の関係もありません。

社内の居心地、内部整合性の維持に労力を傾けすぎた結果、最も肝心な、権力行使のできる核を欠く組織となったのです。それぞれの親会社がおせっかいに口を出し続けた結果、いったい誰が権力を持っているのかわからない会社ができました。

結局は会社更生法を適用し、米マイクロンの傘下に入りましたが、この辺の事情を分析した元エルピーダのエンジニアは以下のような教訓を引き出しています。


「短期間での技術融合、および、両者の技術の『良いとこ取り』はできないと割り切る。二社の一方を標準と決めてしまう。付加できるものがあれば付加する。場合によっては、二社の対等合併ではなく、吸収合併のほうが技術的な混乱や摩擦は少ないかもしれない」[xiii]

出身母体二社からの出身者を平等に取り扱うことで従業員の**目先の不安や混乱を避け、結局、大きな混乱や摩擦につながった**、ということです。

米国のマイクロンは、買収して強権発動すれば、一時的には大きく混乱したとしても、長い目ではエルピーダの保有しているはずの技術力は生かせるはず、と踏んだのでしょう。

鉄則9 イシューを矮小化するな

大きな摩擦や混乱を起こすことなく、大事な意思決定はできません。それを避けると、多種多様な組織内部の都合に引っ張られ、大局的な意思決定ができなくなり、小手先を繕う策だけを弄して滅んでいきます。

最近ではいくつかの企業で明るみに出た品質偽装の事例がそれにあたるでしょう。これはあくまで想像ですが、長年続いた品質偽装のどこかの時点で、誰かが「ヤバいから、もうやめよう」という意見や、「こんな基準は意味がないから廃止を役所に働きかけよう」という意見はあったと思います。

しかし、大多数の人は、「そんなことをすると、何かのビジネスに影響がある、誰かの顔をつぶしてしまう」といった目先の摩擦を避けることを最優先したのだと思います。

このどちらをとるかは、実際には非常に難しい選択です。目先の摩擦は確実に起こると予見できる一方、将来の大問題のほうはあくまで可能性であり、読めないからです。何十年もの間、問題なかったのだからこの先もずっと大丈夫、という見通しも、当然成り立ちます。

オリンパスのときも同じでしたが、日本企業の組織ぐるみの犯罪の特徴は、会社のためを思う非常に真面目な人たちがやっているということです。自分も着服してやろうとか、そういった悪いことを考えて手を染めているわけではないのが諸外国との差になります。

キーワードは、悪・腐敗、ではなく、真面目・小心です。

あくまで目先の摩擦・混乱を避けたい、ということで小手先の案を作り続けてきた結果、大問題に至るパターンです。

バブル崩壊の際の日本政府の対応も、目先の混乱を避けることを最優先したという意味では同じかもしれません。

小出しの対策でずるずると悪い状態を長引かせ、結果的に「ソフトランディング」になったという、今から考えると、カッコ悪い成り行きでした。

メガバンクへの銀行の統合が行われたのはバブル崩壊後なんと一〇年もたってからです。マインドの冷え込み等、これが失われた一〇年（二〇年？）をもたらした可能性すら否定できません。

二〇〇八年の米国のサブプライム金融危機（リーマンショック）から今年で一〇年経ちましたが、今、米国経済は絶好調です。当時はポールソン財務長官が、日本のようにずるずると長引かせるのは最悪、同じ轍は踏まないぞということで、真逆の方式をとりました。つまり、**どん底まで一気に到達させるという方式**です。そちらのほうが早くV字回復できるからです。

ポールソンは西部劇のヒーローよろしくちぎっては投げ、ちぎっては投げして未曽有の金融危機を取り仕切り、わずか一年間で超過激なフルコースの処理をやり切りました。

個人的に仲の悪かったと言われるリーマンを見捨てる一方、リーマンと同罪のベアスターンズはJPモルガンにくっつけ、シティグループに何兆円もの巨額の税金を注入して救済するなど、個人的な好き嫌いで判断したのではないか、議会や法律の裏づけがあいまいなまま突っ走ったのではないか、個人的にボロもうけしたのではないか等々、大いに批判はされたものの、基本的にはV字回復をもたらした功績を評価されています（たとえばシティグループは政府支援を二年後に完済し、二〇一〇年には米国銀行中で最大益を上げて復活しました）。

ポールソンは二〇〇八年のタイム誌のパーソン・オブ・ザ・イヤーで、その年の大統領選に勝利したオバマの次の二番目に選ばれました。その理由にはこうあります。「彼が直面した現実（金融危機）を考えると、もっとよい他の手段があったとは思えない」[xiii]

ポールソンはゴールドマンで営業していた根っからの商売人でしたが、日本の官僚は科挙（公務員試験）を通った真面目な秀才集団でした。

実は、数十年前、日本人は、意思決定に大失敗した経験を持つわけで、その教訓を生かすべきです。そして、それが、強い権力を持つ政治家や独裁者が起こした失敗ではなく、中間管理職により引き起こされたものであったことを。

対米英開戦を決めた当時の日本の意思決定は、以下のようだったと指摘されています。

「『船頭多くして船山に登る』のたとえ通り、有効な解決策が出てきても、誰かが大声で反対すると何も決めることができない状態で、まさに独裁とは対極だった」

「後世の目から冷静に評価すれば、戦争に向かう選択は、他の選択肢に比較して目先のストレスが少ない道でもあった。海相の任命、被害船舶の算定、海軍の開戦決意、「聖断」構想、天皇の作為、いずれもが、もし真剣に実行しようとしたら、それまでの組織のあり方や周囲との深刻な軋轢が予想された。実は、回避されたのはそのような種々の係争が予定される選択肢だったのであった。」xliv

権力を持っていない中間管理職が、小役人的に目先のリスクを回避することに汲々としていたため、**「非決定」が積み重なり、結果として破局的な選択**に落ち着いてしまった、ということになります。

大事なイシューに正面から取り組むのではなく、目先の小さなイシューに逃げ込むことを、**イシューの矮小化**といいます。イシューを矮小化したほうが、とりあえず具体的な工夫、調整がしやすく、仕事をした気分になれるので、真面目な人には向いています。**日本の国にとって極めて大事なイシューなのに、中間管理職が小手先の対策を繰り返してイシューを矮小化してしまった、という組織の惰性**でした。

目先の混乱を嫌うことが、最終的に滅びの道につながることは、日本人として最低限学習しておきましょう。

イシューを矮小化している人は、まじめに、一生懸命仕事をしているようでいて、実は上の空で、大事なことから目をそらしています。つまり、大事なイシューについて真剣に取り組んではいない、ということです。

イシューを矮小化しないための最善の手段は、今のオフィスのレイアウトを変えることかもしれません。

多くの日本企業は大部屋方式で、間仕切りのない空間で大人数で仕事をするので、一日中、他の人が何をやっているかをいやでも見続けることになります。

誰が誰に電話しているなど、電話も一日中、聞き続けることになります。また、パソコンに向かってサクサク仕事している人と、ボーッとしている人ははっきりと区別できますし、トラブル対応や来客も筒抜けです。逆に、ボーッとしていると目立つので、常に仕事をしている「ふり」をする必要があります。

こういう環境では、常に細かい刺激に脳が占領されるので、ビッグイシューについて考えることはできません。

つまり、**大部屋はイシューの矮小化を加速させる装置**だと言えます。

この辺は、人口減少にともない、一人当たりのオフィススペースが拡大することで、徐々に変わってくるかもしれないと思っています。

基本原則8 本物の戦いでは中立は最悪の選択肢

どのような組織でも、方針が真っ二つに分かれることがあります。組織全体の将来を決めるようなビッグイシューの場合、局外中立を守るのは、最悪の選択肢になります。積極的に自分の立場を明らかにすべきです。

「彼がある一方に対抗して他のものに味方することをなんらためらいなく公言すると

き、彼は尊敬を受けることになる。

この方策は中立でいるよりも常に有益である。……なぜならば勝利者は逆境にあるとき援助しなかったような疑わしい者を味方にしようとしないし、また敗れた者は剣を手にして自らと運命をともにしなかった者を受け入れはしないからである」

「優柔不断な君主は目先の危険を回避しようとして中立を選び、多くの場合、滅亡する」

——マキャベリ『君主論』

本物の戦いの場では、何もしないでいても、どちらかの肩を持つことになるので、実際には不偏不党というのはありえないのです。

鉄則10 戦いの場で中立を標榜することは悪手

最近、文科省の元事務次官の「行政が歪められた」発言というのがありました。不偏不党の官僚のやることが、個別利益を代弁する政治家によって歪められた、と言っているわけです。

しかし、その人は客観的に見ると、（本人の志向とは別に）不偏不党ではなく、既存の業者・業界団体を利する新規参入阻止の規制を守る側、つまり既得権益を守る側に立っていたのは明らかです。

一方の側についていることが明らかなのにもかかわらず、表では中立を標榜し、個別利益で戦う人（愛媛県、政治家など）を見下していることになります。

これがなんとなく胡散臭さを持たれる原因なのです。

戦前は、不偏不党の天皇の官僚が、個別利益の代弁者である政治家をバカにしていましたが、そういうにおいを嗅ぎ取った人も多いのではないでしょうか？

鉄則11 中立を標榜しているとLonerになる

人が必死に戦っているのに、超然として中立を標榜していると、

1　意見のないアホな人
2　組織内のことなどコップの中の嵐でどうでもいいと考えている、人を見下した傲慢な人

3　組織のことは興味がないという真剣味のない人

のどれか（あるいは全部）と見なされます。

外資系企業ではそういう人のことをLonerと呼びます。

組織に溶け込んでいない人、当事者意識の薄い人、というような意味で、チームでの仕事が基本の今の組織では極めて否定的なニュアンスを持つ言葉です。

二つに分かれて抗争している場合は、どちらかにつくか、もしくは、どちらとも違う自分独自の意見を発信し、第三極を作るしかありません。

感情的な対立はやめ、お互いにオープンに議論する場を持つべき、と思うなら、そういう意見を発信し、仲介役として第三極化する手もあります。

とにかく、人間は他人と協働しないと仕事はできません。

Lonerとなることだけはやめましょう。

あとがき

一時期、特にリーマンショックの後、「アメリカはもう衰退した、学ぶことは何もない」と多くの人が言っていました。しかし、確かに安心安全の面では日本の勝ちですが、活力・活気の面では「かなわないなー」と心底感じます。

アメリカのビジネス界の特徴を一言で言うと、**非常に騒がしい**、ということです。カネ、色、欲にまみれ、押し合いへし合いしながらも、未来、夢、正義、国、人生の意味、などがそのゴタゴタの中で浮上し、人々をひきつけていきます。

本書で私が唱える社会的スキル、**マキャベリ脳とは、そうやって人間関係の中で押し合いへし合いする中で、何かを達成する力のことです。**

この「活力・活気」の面で日本を見ると、今年は注目すべきことが二つあります。

一つは中小企業の事業承継の問題です。今後一〇年で七〇歳を超える中小企業・小規模事業者の経営者は約二四五万人。うち約半分の一二七万人が後継者未定と言われています。

深刻なのは「後継者がいない問題」です。

必ずしも子どもがいないからではありません。総じて中小企業経営者の子息は塾などに行かせるお金があるので、勉強ができることが多く、そうすると良い大学を出て、大企業に就職、という日本人の「王道キャリア」を歩んでしまうのです。

しかし、大企業でサラリーマンをしても後継社長となるべき人にはなりません。なぜなら、本書で解説したように、中間管理職と、権力行使スキルが要求される社長とは、全く別の存在だからです。

そして、**これから一〇〇万人以上の社長が不足する**。

会社にとって最重要の経営資産は社長です。その希少性が認識され、マキャベリ脳を持つ人の活躍の場がますます増えるでしょう。

二つめは、今年が副業解禁元年になりそうだということです。

具体的な制度はこれから決まっていくのでしょうが、実は副業の社会に与えるパワーは非常に大きいのです。

たとえば、中国で人民公社が解体されたのは、家庭副業の解禁からたったの数年後でした。副業を奨励した一部の省で大豊作となり、働いても働かなくても同じ、という悪平等のはびこる人民公社の存在意義がなくなったのです。

日本でも副業のほうが面白くかつ儲かるとなると、会社ではできるだけ目立たずエネルギーを温存し、放課後？に「はじける」という人が出てくるかもしれません。

副業が本業化してしまうわけで、そうならないように企業は**会社での仕事が「面白くかつ儲かる」ように改革**する必要に迫られます。

大きく日本企業が変わる可能性を秘めています。


本書により、多くの人がパワー（権力）リーダーの面白さに目覚め、毎日の生活で自由を取り戻し、日本社会がますます活力あるものとなることを願っています。


なお書名の「新・君主論」については、龍谷大学経済学部竹中教授からヒントをいただきました。事業承継の課題については、株式会社アドバイザリー・ブレーンの藤中社長からのアドバイスが役に立ちました。この場を借りて御礼申し上げます。

また、本書はディスカヴァー・トゥエンティワンの干場社長からの注文にこたえて書き始めましたが、書いていくうちにもともと考えていた本とは別の新しい本となりました。忍耐強くサポートしていただいた干場社長に深く感謝申し上げます。

二〇一八年一月一六日　木谷哲夫

Ronald E. Riggio, Ira Chaleff, Jean Lipman-Blumen [2008] *The Art of Followership: How Great Followers Create Great Leaders and Organizations (J-B Warren Bennis Series),* Jossey-Bass

アイラ・チャレフ [2009]『ザ・フォロワーシップ』ダイヤモンド社

Kellerman, Barbara [2008] *Followership: How Followers Are Creating Change and Changing Leaders (Center for Public Leadership,* Harvard Business School Press

ブライアン・バロー、ジョン・ヘルヤー〔1990〕『野蛮な来訪者―RJRナビスコの陥落〈上〉〈下〉』日本放送出版協会

ジョン・C. ボーグル〔2008〕『米国はどこで道を誤ったか―資本主義の魂を取り戻すための戦い』東洋経済新報社

Lafley, A.G.〔2009〕"What Only CEO Can Do," *Harvard Business Review, May2009*

Stern, Stefan〔2012〕"Should Your Next CEO Be an Inside Outsider?" *HBR Blog Network, December 2012*

De Mesquita, Bruce Bueno and Smith, Alastair〔2012〕*The Dictator's Handbook: Why Bad Behavior is Almost Always Good Politics,* PublicAffairs

Nafei, Yasser〔2009〕*Corporate Dictatorship: The Evil Behind the Collapse of the World's Economy,* Prothics Consulting

Barret, Paul M.〔2012〕"Jim Rogers, the CEO Who Wouldn't Leave," *Bloomberg Business Week, 2012*

ジョン・J・ミアシャイマー〔2012〕『なぜリーダーはウソをつくのか』五月書房

Phipps, Mike〔2005〕*21 Dirty Tricks at Work: How to Beat the Game of Office Politics,* Capstone

Shapiro, Cynthia〔2005〕*Corporate Confidential: 50 Secrets Your Company Doesn't Want You to Know---and What to Do About Them,* St. Martin's Griffin

McIntyre, Marie G.〔2005〕S*ecrets to Winning at Office Politics: How to Achieve Your Goals and Increase Your Influence at Work,* St. Martin's Griffin

Staw, Barry M.〔1981〕"The Escalation of Commitment to a Course of Action," *Academy of Management Review 6, No.4*

リンダ・A・ヒル、ケント・ラインバック〔2012〕『ハーバード流ボス養成講座』日本経済新聞出版社

森山優〔2012〕『日本は何故開戦に踏み切ったか　「両論併記」と「非決定」』新潮社

Geroge, Bill〔2003〕*Authentic Leadership: Rediscovering the Secrets to Creating Lasting Value (J-B Warren Bennis Series),* Jossey-Bass

George, Bill〔2007〕*True North: Discover Your Authentic Leadership (J-B Warren Bennis Series),* Jossey-Bass

参考文献

マキアヴェッリ（著）、佐々木毅（訳）［2004］『君主論』講談社

マキアヴェリ（著）、池田廉（訳）［2002］『新訳・君主論』中央公論社

塩野七生［1992］『マキアヴェッリ語録』新潮社

塩野七生［2001］『わが友マキアヴェッリ―フィレンツェ存亡』新潮社

ミチオ・カク［2015］『フューチャー・オブ・マインド 心の未来を科学する』NHK出版

岡田尊司［2010］『マキャベリー的知性 危機の時代を生き抜く社会的知性の磨き方』アスキー新書

ニコラス ハンフリー［1993］『内なる目―意識の進化論』紀伊國屋書店

DeLuca, Joel R. ［1999］ *Political Savvy: Systematic Approaches to Leadership Behind the Scenes,* EBG Publishing

ダグラス・マクレガー［1970］『企業の人間的側面―統合と自己統制による経営』産能大学出版部

ウィリアム・G・オオウチ［1981］『セオリーZ―日本に学び、日本を超える』エムオン・エンタテインメント

Gerstein, Marc and Shaw, Robert ［2009］ "Organizational Bystanders" *People and Strategy, June2009*

Goldman, Daniel ［2013］ *Focus: The Hidden Driver of Excellence,* New York, Harper

Kaplan, Robert S. ［2011］ "Top Executives Need Feedback – Here's How They Can Get It," *McKinsey Quarterly, September2011*

Shaw, Robert Bruce ［2014］ *Leadership Blindspots,* Jossy-Bass

Immelt, Jeff ［2009］ *Renew American Leadership* speech presented at West Point, New York, December 2009 *http://online.wsj.com/public/resources/documents/immelt12092009.pdf*

Lashinsky, Adam ［2012］ "Amazon's Jeff Bezos: The Ultimate Disrupter," *Fortune, November2012*

xxxiii DOWA　ホールディングス2016コーポレートガバナンス

xxxiv 吉川廣和［2007］『壁を壊す』ダイヤモンド社

xxxv 鈴木喬［2013］『社長は少しバカがいい。~乱世を生き抜くリーダーの鉄則』WAVE出版

五章

xxxvi ドナルド・J. トランプ、トニー シュウォーツ [2008]『トランプ自伝—不動産王にビジネスを学ぶ』筑摩書房

xxxvii 前掲書　Nafei, Yasser *Corporate Dictatorship*

xxxviii 前掲書　Nafei, Yasser *Corporate Dictatorship*

六章

xxxix 前掲書　DeLuca, Joel R. *Political Savvy: Systematic Approaches to Leadership Behind the Scenes*を参考として作成。

xl 森島［2017］「ドラッカーが考えたMBO（目標管理制度）による人事評価・マネジメントが日本で機能しない理由」『ダイヤモンドオンライン　2017年7月19日』、http://diamond.jp/articles/-/134685

xli 前掲　森島　「ドラッカーが考えたMBO（目標管理制度）による人事評価・マネジメントが日本で機能しない理由」

xlii 湯之上隆［2013］『日本「半導体」敗戦』メディアタブレット

xliii *Time* saying, with reference to the global financial crisis, “if there is a face to this financial debacle, it is now his...” before concluding that “given the … realities he faced, there is no obviously better path [he] could have followed” http://content.time.com/time/specials/packages/article/0,28804,1861543_1865103_1865105,00.html

xliv 森山優［2012］『日本は何故開戦に踏み切ったか　「両論併記」と「非決定」』新潮社

xxiii 日本経済新聞

https://www.nikkei.com/article/DGXLZO21756740R01C17A0MM8000/

xxiv 前掲書Nafei, Yasser *Corporate Dictatorship*

三章

xxv Stern, Stefan [2012] "Should Your Next CEO Be an Inside Outsider?" *HBR Blog Network, December 2012*

xxvi 落合陽一

http://www.sensors.jp/post/sensors-ignition-hirune-hime.html

「例えばオリジナリティという意味では、赤色・緑色ダイオードってノーベル賞取らなかったじゃないですか？ 普通に出来たんですよ。青色が一番難しかったんです。一番難しかった最後のピースを埋めたやつが、評価されるべきなんですよ。赤・緑が揃っていた世界で、青がなかなか出来なくて、やっと作ったみたいな。これはビジネスでは当たり前のことですが、科学ではこの類のオリジナリティが評価されづらい。しかしながら我々は今、オリジナリティということに関して、そういうようなことがもっと評価されてしかるべきだし、科学技術への失速が危惧されている日本に対するメッセージだと我々日本人全体が受け取るべきだったんです。市場に出るところをもっと力入れて解決していかないといけない。」

xxvii 鈴木修 [2009]『俺は、中小企業のおやじ』日本経済新聞出版社

xxviii 週刊朝日2017年9月30日

https://dot.asahi.com/wa/2017093000019.html?page=1

四章

xxix http://biz-journal.jp/2017/01/post_17725_3.html Copyright © Business Journal All Rights Reserved

xxx De Mesquita, Bruce Bueno and Smith, Alastair [2012] *The Dictator's Handbook: Why Bad Behavior is Almost Always Good Politics,* PublicAffairs

xxxi 前掲書De Mesquita, et.al

xxxii ルイス・V・ガースナー [2002]『巨象も踊る』日本経済新聞社

x ダグラス・マクレガー〔1970〕『企業の人間的側面—統合と自己統制による経営』産能大学出版部

x ウィリアム・G・オオウチ〔1981〕『セオリーZ—日本に学び、日本を超える』エムオン・エンタテインメント

xii 中沢明子〔2017〕「三越伊勢丹"退職金五千万上乗せ"の理由」『プレジデント2018年1月1日号』

二章

xiii GIGAZINE NEWS　2017年9月1日
http://gigazine.net/news/20170901-elon-musk-what-great-communication-looks-like/

xiv Forbes Japan 2016年3月
https://forbesjapan.com/articles/detail/11483

xv 山口圭介〔2017〕「ソフトバンクと三菱UFJ、同じ1兆円企業でも驚くほど違う「社風」」『ダイヤモンド・オンライン *2017年9月28日*』　http://diamond.jp/articles/-/143103?page=2)

xvi 前掲　山口圭介「ソフトバンクと三菱UFJ、同じ1兆円企業でも驚くほど違う「社風」」

xvii Nafei, Yasser〔2009〕*Corporate Dictatorship: The Evil Behind the Collapse of the World's Economy,* Prothics Consulting

xviii Phipps, Mike〔2005〕*21 Dirty Tricks at Work: How to Beat the Game of Office Politics,* Capstone

xix ブライアン・バロー、ジョン・ヘルヤー〔1990〕『野蛮な来訪者—RJRナビスコの陥落〈上〉〈下〉』日本放送出版協会

xx ビジネスジャーナル
http://biz-journal.jp/2017/05/post_19209_2.html

xxi Reuters　2017年12月11日
https://jp.reuters.com/article/toshiba-hongkong-activist-idJPKBN1E50TV

xxii ジョン・C. ボーグル〔2008〕『米国はどこで道を誤ったか—資本主義の魂を取り戻すための戦い』東洋経済新報社、一部筆者加筆

脚注

序章

i Wikipedia「マキャベリズム」より引用
https://ja.wikipedia.org/wiki/%E3%83%9E%E3%82%AD%E3%83%A3%E3%83%B4%E3%82%A7%E3%83%AA%E3%82%BA%E3%83%A0

ii マキアヴェッリ（著）、佐々木毅（訳）［2004］『君主論』講談社。および佐々木氏の講演録『マキャヴェッリと政治の見方』（2006年10月14日イタリア研究会）を参照。

iii 本書で引用するマキアヴェリの言葉については、前掲佐々木訳を主に活用したが、以下も参照して変更している場合がある。
マキアヴェリ（著）、池田廉（訳）［2002］『新訳・君主論』中央公論社
塩野七生［1992］『マキアヴェッリ語録』新潮社
塩野七生［2001］『わが友マキアヴェッリ―フィレンツェ存亡』新潮社

iv PWCレポートを参照のこと
http://bigthink.com/david-ryan-polgar/38-of-american-jobs-could-be-replaced-by-robots-according-to-pwc-report

v http://www.workforce.com/2016/08/24/venture-capitals-love-affair-with-hr-tech-rolls-on/

vi ニコラス・ハンフリー［1976］『知性の社会的機能』

vii ミチオ・カク［2015］『フューチャー・オブ・マインド 心の未来を科学する』NHK出版、および
岡田尊司［2010］『マキャベリー的知性 危機の時代を生き抜く社会的知性の磨き方』アスキー新書

一章

viii Joel R. DeLuca［1999］*Political Savvy,* EBG Publishing

ix 前掲書　DeLucaによるフレームワークを使用。各タイプの属性については日本の組織に合わせる形で改変している。

新・君主論

AI時代のビジネスリーダーの条件

発行日　2018年2月25日　第1刷

Author
木谷哲夫

Book Designer
加藤賢策（LABORATORIES）

Publication
株式会社ディスカヴァー・トゥエンティワン
〒102-0093　東京都千代田区平河町2-16-1
平河町森タワー11F
TEL　03-3237-8321（代表）
FAX　03-3237-8323
http://www.d21.co.jp

Publisher & Editor
干場弓子

Marketing Group Staff
小田孝文　井筒浩　千葉潤子
飯田智樹　佐藤昌幸　谷口奈緒美
古矢薫　蛯原昇　安永智洋
鍋田匠伴　榊原僚　佐竹祐哉
廣内悠理　梅本翔太　田中姫菜
橋本莉奈　川島理　庄司知世
谷中卓　小田木もも

Productive Group Staff
藤田浩芳　千葉正幸　原典宏　林秀樹
三谷祐一　大山聡子　大竹朝子
堀部直人　林拓馬　塔下太朗
松石悠　木下智尋　渡辺基志

E-Business Group Staff
松原史与志　中澤泰宏　西川なつか
伊東佑真　牧野類

Global & Public Relations Group Staff
郭迪　田中亜紀　杉田彰子
倉田華　李瑋玲　連苑如

Operations & Accounting Group Staff
山中麻吏　小関勝則　奥田千晶
池田望　福永友紀

Assistant Staff
俵敬子　町田加奈子　丸山香織
小林里美　井澤徳子　藤井多穂子
藤井かおり　葛目美枝子　伊藤香
常徳すみ　鈴木洋子　内山典子
石橋佐知子　伊藤由美　小川弘代
越野志絵良　林玉緒　小木曽礼丈

Proofreader
文字工房燦光
DTP
アーティザンカンパニー株式会社
Printing
中央精版印刷株式会社

ISBN978-4-7993-2216-1